Heinrich Heine

Shakespeares Mädchen und Frauen

Heinrich Heine: Shakespeares Mädchen und Frauen

Erstdruck unter dem Titel »Shakespeares Mädchen und Frauen mit Erläuterungen von H. Heine«, Paris (H. Delloye) 1839. – Heine schrieb den Essay als Kommentar zu einer Sammlung von Kupferstichen.

Neuausgabe mit einer Biographie des Autors
Herausgegeben von Karl-Maria Guth
Berlin 2017

Der Text dieser Ausgabe folgt:
Heinrich Heine: Werke und Briefe in zehn Bänden. Herausgegeben von Hans Kaufmann, 2. Auflage, Berlin und Weimar: Aufbau, 1972.

Die Paginierung obiger Ausgabe wird hier als Marginalie zeilengenau mitgeführt.

Umschlaggestaltung von Thomas Schultz-Overhage unter Verwendung des Bildes: John William Waterhouse, Miranda, 1916

Gesetzt aus der Minion Pro, 11 pt

Verlag: Henricus - Edition Deutsche Klassik GmbH
Mörchinger Str. 33, 14169 Berlin, info@henricus-verlag.de
Druck: Libri Plureos GmbH, Friedensallee 273, 22763 Hamburg

Die Ausgaben der Sammlung Hofenberg basieren auf zuverlässigen Textgrundlagen. Die Seitenkonkordanz zu anerkannten Studienausgaben machen Hofenbergtexte auch in wissenschaftlichem Zusammenhang zitierfähig.

ISBN 978-3-7437-0734-4

Bibliografische Information der Deutschen Nationalbibliothek

Die Deutsche Nationalbibliothek verzeichnet diese Publikation in der Deutschen Nationalbibliografie; detaillierte bibliografische Daten sind im Internet über www.dnb.de abrufbar.

Inhalt

Einleitung 5
Tragödien 22
  Cressida 22
  Kassandra 26
  Helena 28
  Virgilia 31
  Portia 35
  Cleopatra 40
  Lavinia 48
  Constanze 53
  Lady Percy 58
  Prinzessin Katharina 61
  Johanna d'Arc 63
  Margareta 65
  Königin Margareta 68
  Lady Grey 74
  Lady Anna 78
  Königin Katharina 80
  Anna Boleyn 83
  Lady Macbeth 86
  Ophelia 89
  Cordelia 92
  Julie 95
  Desdemona 99
  Jessica 103
  Porzia 114
Komödien 119
  Miranda 119
  Titania 121
  Perdita 123
  Imogen 125

Julie	127
Silvia	129
Hero	131
Beatrice	133
Helena	135
Celia	137
Rosalinde	139
Olivia	141
Viola	143
Maria	145
Isabella	147
Prinzessin von Frankreich	149
Die Äbtissin	151
Frau Page	153
Frau Ford	155
Anna Page	157
Katharina	159
Schluß	161
Biographie	173

Einleitung

Ich kenne einen guten Hamburger Christen, der sich nie darüber zufriedengeben konnte, daß unser Herr und Heiland von Geburt ein Jude war. Ein tiefer Unmut ergriff ihn jedesmal, wenn er sich eingestehen mußte, daß der Mann, der, ein Muster der Vollkommenheit, die höchste Verehrung verdient, dennoch zur Sippschaft jener ungeschneuzten Langnasen gehörte, die er auf der Straße als Trödler herumhausieren sieht, die er so gründlich verachtet und die ihm noch fataler sind, wenn sie gar, wie er selber, sich dem Großhandel mit Gewürzen und Farbestoffen zuwenden und seine eigenen Interessen beeinträchtigen.

Wie es diesem vortrefflichen Sohne Hammonias mit Jesus Christus geht, so geht es mir mit William Shakespeare. Es wird mir flau zumute, wenn ich bedenke, daß er am Ende doch ein Engländer ist und dem widerwärtigsten Volke angehört, das Gott in seinem Zorn erschaffen hat.

Welch ein widerwärtiges Volk, welch ein unerquickliches Land! Wie steifleinen, wie hausbacken, wie selbstsüchtig, wie eng, wie englisch! Ein Land, welches längst der Ozean verschluckt hätte, wenn er nicht befürchtete, daß es ihm Übelkeiten im Magen verursachen möchte... Ein Volk, ein graues, gähnendes Ungeheuer, dessen Atem nichts als Stickluft und tödliche Langeweile und das sich gewiß mit einem kolossalen Schifftau am Ende selbst aufhängt...

Und in einem solchen Lande und unter einem solchen Volke hat William Shakespeare im April 1564 das Licht der Welt erblickt.

Aber das England jener Tage, wo in dem nordischen Bethlehem, welches Staffort upon Avon geheißen, der Mann geboren ward, dem wir das weltliche Evangelium, wie man die Shakespeareschen Dramen nennen möchte, verdanken, das England jener Tage war gewiß von dem heutigen sehr verschieden; auch nannte man es merry England, und es blühete in Farbenglanz, Maskenscherz, tiefsinniger Narretei, sprudlender Tatenlust, überschwenglicher Leidenschaft... Das Leben war dort noch ein buntes Turnier, wo freilich die edelbürtigen Ritter im Schimpf und Ernst die Hauptrolle spielten, aber der helle Trompetenton auch die bürgerlichen Herzen erschütterte... Und statt des dicken Biers trank man den leichtsinnigen Wein, das demokratische Getränk, welches im Rausche die Menschen gleichmacht, die sich eben noch auf den nüchternen Schauplätzen der Wirklichkeit nach Rang und Geburt unterschieden...

All diese farbenreiche Lust ist seitdem erblichen, verschollen sind die freudigen Trompetenklänge, erloschen ist der schöne Rausch... Und das Buch, welches »Dramatische Werke von William Shakespeare« heißt, ist als Trost für schlechte Zeiten und als Beweis, daß jenes merry England wirklich existiert habe, in den Händen des Volkes zurückgeblieben.

Es ist ein Glück, daß Shakespeare eben noch zur rechten Zeit kam, daß er ein Zeitgenosse Elisabeths und Jakobs war, als freilich der Protestantismus sich bereits in der ungezügelten Denkfreiheit, aber keineswegs in der Lebensart und Gefühlsweise äußerte und das Königtum, beleuchtet von den letzten Strahlen des untergehenden Ritterwesens, noch in aller Glorie der Poesie blühte und glänzte. Ja, der Volksglaube des Mittelalters, der Katholizismus, war erst in der Theorie zerstört; aber er lebte noch mit seinem vollen Zauber im Gemüte der Menschen und erhielt sich noch in ihren Sitten, Gebräuchen und Anschauungen. Erst später, Blume nach Blume, gelang es den Puritanern, die Religion der Vergangenheit gründlich zu entwurzeln und über das ganze Land, wie eine graue Nebeldecke, jenen öden Trübsinn auszubreiten, der seitdem, entgeistet und entkräftet, zu einem lauwarmen, greinenden, dünnschläfrigen Pietismus sich verwässerte. Wie die Religion, so hatte auch das Königtum in England zu Shakespeares Zeit noch nicht jene matte Umwandlung erlitten, die sich dort heutigentags unter dem Namen konstitutioneller Regierungsform, wenn auch zum Besten der europäischen Freiheit, doch keineswegs zum Heile der Kunst geltend macht. Mit dem Blute Karls des Ersten, des großen, wahren, letzten Königs, floß auch alle Poesie aus den Adern Englands; und dreimal glücklich war der Dichter, der dieses kummervolle Ereignis, das er vielleicht im Geiste ahnte, nimmermehr als Zeitgenosse erlebt hat. Shakespeare ward in unsren Tagen sehr oft ein Aristokrat genannt. Ich möchte dieser Anklage keineswegs widersprechen und seine politischen Neigungen vielmehr entschuldigen, wenn ich bedenke, daß sein zukunftschauendes Dichterauge, aus bedeutenden Wahrzeichen, schon jene nivellierende Puritanerzeit voraussah, die mit dem Königtum so auch aller Lebenslust, aller Poesie und aller heitern Kunst ein Ende machen würde.

Ja, während der Herrschaft der Puritaner ward die Kunst in England geächtet; namentlich wütete der evangelische Eifer gegen das Theater, und sogar der Name Shakespeare erlosch für lange Jahre im Andenken des Volks. Es erregt Erstaunen, wenn man jetzt in den Flugschriften damaliger Zeit, z.B. in dem »Histrio-Mastix« des famosen Prynne, die Ausbrüche des Zornes liest, womit über die arme Schauspielkunst das Anathema ausgekrächzt wurde. Sollen wir den Puritanern ob solchem Zelotismus allzu ernsthaft zürnen? Wahrlich, nein; in der Geschichte hat jeder recht, der seinem inwohnenden Prinzipe getreu bleibt, und die düstern Stutzköpfe folgten nur den Konsequenzen jenes kunstfeindlichen Geistes, der sich schon während der ersten Jahrhunderte der Kirche kundgab und sich mehr oder minder bilderstürmend bis auf heutigen Tag geltend machte. Diese alte, unversöhnliche Abneigung gegen das Theater ist nichts als eine Seite jener Feindschaft, die seit achtzehn Jahrhunderten zwischen zwei ganz heterogenen Weltanschauungen waltet und wovon die eine dem dürren Boden Judäas, die andere dem blühenden Griechenland entsprossen ist. Ja, schon seit achtzehn Jahrhunderten dauert der Groll zwischen Jerusalem und Athen, zwischen dem Heiligen Grab und der Wiege der Kunst, zwischen dem Leben im Geiste und dem Geist im Leben; und die Reibungen, öffentliche und heimliche Befehdungen, die dadurch entstanden, offenbaren sich dem esoterischen Leser in der Geschichte der Menschheit. Wenn wir in der heutigen Zeitung finden, daß der Erzbischof von Paris einem armen toten Schauspieler die gebräuchlichen Begräbnisehren verweigert, so liegt solchem Verfahren keine besondere Priesterlaune zum Grunde, und nur der Kurzsichtige erblickt darin eine engsinnige Böswilligkeit. Es waltet hier vielmehr der Eifer eines alten Streites, eines Todeskampfs gegen die Kunst, welche von dem hellenischen Geist oft als Tribüne benutzt wurde, um von da herab das Leben zu predigen gegen den abtötenden Judäismus: die Kirche verfolgte in den Schauspielern die Organe des Griechentums, und diese Verfolgung traf nicht selten auch die Dichter, die ihre Begeisterung nur von Apollo herleiteten und den proskribierten Heidengöttern eine Zuflucht sicherten im Lande der Poesie. Oder ist gar etwa Rankün e im Spiel? Die unleidlichsten Feinde der gedrückten Kirche, während der zwei ersten Jahrhunderte, waren die Schauspieler, und die »Acta Sanctorum« erzählen oft, wie diese verruchten Histrionen auf den Theatern in Rom sich dazu hergaben, zur Lust des heidnischen Pöbels die Lebensart und Mysterien der Nazarener zu parodieren. Oder war es gegenseitige Eifersucht, was zwischen den Dienern des geistlichen und des weltlichen Wortes so bittern Zwiespalt erzeugte?

Nächst dem asketischen Glaubenseifer war es der republikanische Fanatismus, welcher die Puritaner beseelte in ihrem Haß gegen die altenglische Bühne, wo nicht bloß das Heidentum und die heidnische Gesinnung, sondern auch der Royalismus und die adligen Geschlechter verherrlicht wurden. Ich habe an einem andern Orte gezeigt, wie viele Ähnlichkeit in dieser Beziehung zwischen den ehemaligen Puritanern und den heutigen Republikanern waltet. Mögen Apollo und die ewigen Musen uns vor der Herrschaft dieser letztern bewahren!

Im Strudel der angedeuteten kirchlichen und politischen Umwälzungen verlor sich auf lange Zeit der Name Shakespeares, und es dauerte fast ein ganzes Jahrhundert, ehe er wieder zu Ruhm und Ehre gelangte. Seitdem aber stieg sein Ansehen von Tag zu Tag, und gleichsam eine geistige Sonne ward er für jenes Land, welches der wirklichen Sonne fast während zwölf Monate im Jahre entbehrt, für jene Insel der Verdammnis, jenes Botany Bay ohne südliches Klima, jenes steinkohlenqualmige, maschinenschnurrende, kirchengängerische und schlecht besoffene England! Die gütige Natur enterbt nie gänzlich ihre Geschöpfe, und indem sie den Engländern alles, was schön und lieblich ist, versagte und ihnen weder Stimme zum Gesang noch Sinne zum Genuß verliehen und sie vielleicht nur mit ledernen Porterschläuchen statt mit menschlichen Seelen begabt hat, erteilte sie ihnen zum Ersatz ein groß Stück bürgerlicher Freiheit, das Talent, sich häuslich bequem einzurichten, und den William Shakespeare.

Ja, dieser ist die geistige Sonne, die jenes Land verherrlicht mit ihrem holdesten Lichte, mit ihren gnadenreichen Strahlen. Alles mahnt uns dort an Shakespeare, und wie verklärt erscheinen uns dadurch die gewöhnlichsten Gegenstände. Überall umrauscht uns dort der Fittich seines Genius, aus jeder bedeutenden Erscheinung grüßt uns sein klares Auge, und bei großartigen Vorfällen glauben wir ihn manchmal nicken zu sehen, leise nicken, leise und lächelnd.

Diese unaufhörliche Erinnerung an Shakespeare und durch Shakespeare ward mir recht deutlich während meines Aufenthalts in London, während ich, ein neugieriger Reisender, dort von morgens bis in die späte Nacht nach den sogenannten Merkwürdigkeiten herumlief. Jeder lion mahnte an den größern lion, an Shakespeare. Alle jene Orte, die ich besuchte, leben in seinen historischen Dramen ihr unsterbliches Leben und waren mir eben dadurch von frühester Jugend bekannt. Diese Dramen kennt aber dortzulande nicht bloß der Gebildete, sondern auch jeder im Volke, und sogar der dicke Beefeater, der mit seinem roten Rock und roten Gesicht im Tower als Wegweiser dient und dir hinter dem Mitteltor das Verlies zeigt, wo Richard seine Neffen, die jungen Prinzen, ermorden lassen, verweist dich an Shakespeare, welcher die nähern Umstände dieser grausamen Geschichte beschrieben habe. Auch der Küster, der dich in der Westminsterabtei herumführt, spricht immer von Shakespeare, in dessen Tragödien jene toten Könige und Königinnen, die hier, in steinernem Konterfei, auf ihren Sarkophagen ausgestreckt liegen und für einen Schilling sechs Pence gezeigt werden, eine so wilde oder klägliche Rolle spielen. Er selber, die Bildsäule des großen Dichters, steht dort in Lebensgröße, eine erhabene Gestalt mit sinnigem Haupt, in den Händen eine Pergamentrolle... Es stehen vielleicht Zauberworte darauf, und wenn er um Mitternacht die weißen Lippen bewegt und die Toten beschwört, die dort in den Grabmälern ruhen, so steigen sie hervor mit ihren verrosteten Harnischen und verschollenen Hofgewanden, die Ritter der weißen und der roten Rose, und auch die Damen heben sich seufzend aus ihren Ruhestätten, und ein Schwertergeklirr und ein Lachen und Fluchen erschallt... Ganz wie zu Drurylane, wo ich die Shakespeareschen Geschichtsdramen so oft tragieren sah und wo Kean mir so gewaltig die Seele bewegte, wenn er verzweifelnd über die Bühne rann:

»A horse, a horse, my kingdom for a horse!«

Ich müßte den ganzen »Guide of London« abschreiben, wenn ich die Orte anführen wollte, wo mir dort Shakespeare in Erinnerung gebracht wurde. Am bedeutungsvollsten geschah dieses im Parlamente, nicht sowohl deshalb, weil das Lokal desselben jenes Westminster-Hall ist, wovon in den Shakespeareschen Dramen so oft die Rede, sondern weil, während ich den dortigen Debatten beiwohnte, einigemal von Shakespeare selber gesprochen wurde, und zwar wurden seine Verse nicht ihrer poetischen, sondern ihrer historischen Bedeutung wegen zitiert. Zu meiner Verwunderung merkte ich, daß Shakespeare in England nicht bloß als Dichter gefeiert, sondern auch als Geschichtschreiber von den höchsten Staatsbehörden, von dem Parlamente, anerkannt wird.

Dies führt mich auf die Bemerkung, daß es ungerecht sei, wenn man bei den geschichtlichen Dramen Shakespeares die Ansprüche machen will, die nur ein Dramatiker, dem bloß die Poesie und ihre künstlerische Einkleidung der höchste Zweck ist, befriedigen kann. Die Aufgabe Shakespeares war nicht bloß die Poesie, sondern auch die Geschichte; er konnte die gegebenen Stoffe nicht willkürlich modeln, er konnte nicht die Ereignisse und Charaktere nach Laune gestalten; und ebensowenig wie Einheit der Zeit und des Ortes konnte er Einheit des Interesse für eine einzige Person oder für eine einzige Tatsache beobachten. Dennoch, in diesen Geschichtsdramen strömt die Poesie reichlicher und gewaltiger und süßer als in den Tragödien jener Dichter, die ihre Fabeln entweder selbst erfinden oder nach Gutdünken umarbeiten, das strengste Ebenmaß der Form erzielen und in der eigentlichen Kunst, namentlich aber in dem enchaînement des scènes, den armen Shakespeare übertreffen.

Ja, das ist es, der große Brite ist nicht bloß Dichter, sondern auch Historiker; er handhabt nicht bloß Melpomenes Dolch, sondern auch Klios noch schärferen Griffel. In dieser Beziehung gleicht er den frühesten Geschichtschreibern, die ebenfalls keinen Unterschied wußten zwischen Poesie und Historie und nicht bloß eine Nomenklatur des Geschehenen, ein stäubiges Herbarium der Ereignisse, lieferten, sondern die Wahrheit verklärten durch Gesang und im Gesange nur die Stimme der Wahrheit tönen ließen. Die sogenannte Objektivität, wovon heut soviel die Rede, ist nichts als eine trockene Lüge; es ist nicht möglich, die Vergangenheit zu schildern, ohne ihr die Färbung unserer eigenen Gefühle zu verleihen. Ja, da der sogenannte objektive Geschichtschreiber doch immer sein Wort an die Gegenwart richtet, so schreibt er unwillkürlich im Geiste seiner eigenen Zeit, und dieser Zeitgeist wird in seinen Schriften sichtbar sein, wie sich in Briefen nicht bloß der Charakter des Schreibers, sondern auch des Empfängers offenbart. Jene sogenannte Objektivität, die, mit ihrer Leblosigkeit sich brüstend, auf der Schädelstätte der Tatsachen thront, ist schon deshalb als unwahr verwerflich, weil zur geschichtlichen Wahrheit nicht bloß die genauen Angaben des Faktums, sondern auch gewisse Mitteilungen über den Eindruck, den jenes Faktum auf seine Zeitgenossen hervorgebracht hat, notwendig sind. Diese Mitteilungen sind aber die schwierigste Aufgabe; denn es gehört dazu nicht bloß eine gewöhnliche Notizenkunde, sondern auch das Anschauungsvermögen des Dichters, dem, wie Shakespeare sagt, »das Wesen und der Körper verschollener Zeiten« sichtbar geworden.

Und ihm waren sie sichtbar, nicht bloß die Erscheinungen seiner eigenen Landesgeschichte, sondern auch die, wovon die Annalen des Altertums uns Kunde hinterlassen haben, wie wir es mit Erstaunen bemerken in den Dramen, wo er das untergegangene Römertum mit den wahrsten Farben schildert. Wie den Rittergestalten des Mittelalters hat er auch den Helden der antiken Welt in die Nieren gesehen und ihnen befohlen, das tiefste Wort ihrer Seele auszusprechen. Und immer wußte er die Wahrheit zur Poesie zu erheben, und sogar die gemütlosen Römer, das harte, nüchterne Volk der Prosa, diese Mischlinge von roher Raubsucht und feinem Advokatensinn, diese kasuistische Soldateske, wußte er poetisch zu verklären.

Aber auch in Beziehung auf seine römischen Dramen muß Shakespeare wieder den Vorwurf der Formlosigkeit anhören, und sogar ein höchst begabter Schriftsteller, Dietrich Grabbe, nannte sie »poetisch verzierte Chroniken«, wo aller Mittelpunkt fehle, wo man nicht wisse, wer Hauptperson, wer Nebenperson, und wo, wenn man auch auf Einheit des Orts und der Zeit verzichtet, doch nicht einmal Einheit des Interesse zu finden sei. Sonderbarer Irrtum der schärfsten Kritiker! Nicht sowohl die letztgenannte Einheit, sondern auch die Einheiten von Ort und Zeit mangeln keineswegs unserm großen Dichter. Nur sind bei ihm die Begriffe etwas ausgedehnter als bei uns. Der Schauplatz seiner Dramen ist dieser Erdball, und das ist seine Einheit des Ortes; die Ewigkeit ist die Periode, während welcher seine Stücke spielen, und das ist seine Einheit der Zeit; und beiden angemäß ist der Held seiner Dramen, der dort als Mittelpunkt strahlt und die Einheit des Interesse repräsentiert... Die Menschheit ist jener Held, jener Held, welcher beständig stirbt und beständig aufersteht – beständig liebt, beständig haßt, doch noch mehr liebt als haßt – sich heute wie ein Wurm krümmt, morgen als ein Adler zur Sonne fliegt – heute eine Narrenkappe, morgen einen Lorbeer verdient, noch öfter beides zu gleicher Zeit – der große Zwerg, der kleine Riese, der homöopathisch zubereitete Gott, in welchem die Göttlichkeit zwar sehr verdünnt, aber doch immer existiert – ach! laßt uns von dem Heldentum dieses Helden nicht zuviel reden, aus Bescheidenheit und Scham!

Dieselbe Treue und Wahrheit, welche Shakespeare in betreff der Geschichte beurkundet, finden wir bei ihm in betreff der Natur. Man pflegt zu sagen, daß er der Natur den Spiegel vorhalte. Dieser Ausdruck ist tadelhaft, da er über das Verhältnis des Dichters zur Natur irreleitet. In dem Dichtergeiste spiegelt sich nicht die Natur, sondern ein Bild derselben, das dem getreuesten Spiegelbilde ähnlich, ist dem Geiste des Dichters eingeboren; er bringt gleichsam die Welt mit zur Welt, und wenn er, aus dem träumenden Kindesalter erwachend, zum Bewußtsein seiner selbst gelangt, ist ihm jeder Teil der äußern Erscheinungswelt gleich in seinem ganzen Zusammenhang begreifbar: denn er trägt ja ein Gleichbild des Ganzen in seinem Geiste, er kennt die letzten Gründe aller Phänomene, die dem gewöhnlichen Geiste rätselhaft dünken und auf dem Wege der gewöhnlichen Forschung nur mühsam oder auch gar nicht begriffen werden... Und wie der Mathematiker, wenn man ihm nur das kleinste Fragment eines Kreises gibt, unverzüglich den ganzen Kreis und den Mittelpunkt desselben angeben kann, so auch der Dichter, wenn seiner Anschauung nur das kleinste Bruchstück der Erscheinungswelt von außen geboten wird, offenbart sich ihm gleich der ganze universelle Zusammenhang dieses Bruchstücks; er kennt gleichsam Zirkulatur und Zentrum aller Dinge; er begreift die Dinge in ihrem weitesten Umfang und tiefsten Mittelpunkt.

Aber ein Bruchstück der Erscheinungswelt muß dem Dichter immer von außen geboten werden, ehe jener wunderbare Prozeß der Weltergänzung in ihm stattfinden kann; dieses Wahrnehmen eines Stücks der Erscheinungswelt geschieht durch die Sinne und ist gleichsam das äußere Ereignis, wovon die innern Offenbarungen bedingt sind, denen wir die Kunstwerke des Dichters verdanken. Je größer diese letztern, desto neugieriger sind wir, jene äußeren Ereignisse zu kennen, welche dazu die erste Veranlassung gaben. Wir forschen gern nach Notizen über die wirklichen Lebensbeziehungen des Dichters. Diese Neugier ist um so törichter, da, wie aus Obengesagtem schon hervorgeht, die Größe der äußeren Ereignisse in keinem Verhältnisse steht zu der Größe der Schöpfungen, die dadurch hervorgerufen wurden. Jene Ereignisse können sehr klein und scheinlos sein und sind es gewöhnlich, wie das äußere Leben der Dichter überhaupt gewöhnlich sehr klein und scheinlos ist. Ich sage scheinlos und klein, denn ich will mich keiner betrübsameren Worte bedienen. Die Dichter präsentieren sich der Welt im Glanze ihrer Werke, und besonders wenn man sie aus der

Ferne sieht, wird man von den Strahlen geblendet. O laßt uns nie in der Nähe ihren Wandel beobachten! Sie sind wie jene holden Lichter, die, am Sommerabend, aus Rasen und Lauben so prächtig hervorglänzen, daß man glauben sollte, sie seien die Sterne der Erde... daß man glauben sollte, sie seien Diamanten und Smaragde, kostbares Geschmeide, welches die Königskinder, die im Garten spielten, an den Büschen aufgehängt und dort vergaßen... daß man glauben sollte, sie seien glühende Sonnentropfen, welche sich im hohen Grase verloren haben und jetzt in der kühlen Nacht sich erquicken und freudeblitzen, bis der Morgen kommt und das rote Flammengestirn sie wieder zu sich heraufsaugt... Ach! suche nicht am Tage die Spur jener Sterne, Edelsteine und Sonnentropfen! Statt ihrer siehst du ein armes, mißfarbiges Würmchen, das am Wege kläglich dahinkriecht, dessen Anblick dich anwidert und das dein Fuß dennoch nicht zertreten will, aus sonderbarem Mitleid!

Was war das Privatleben von Shakespeare! Trotz aller Forschungen hat man fast gar nichts davon ermitteln können, und das ist ein Glück. Nur allerlei unbewiesene läppische Sagen haben sich über die Jugend und das Leben des Dichters fortgepflanzt. Da soll er bei seinem Vater, welcher Metzger gewesen, selber die Ochsen abgeschlachtet haben... Diese letztern waren vielleicht die Ahnen jener englischen Kommentatoren, die wahrscheinlich aus Nachgroll ihm überall Unwissenheit und Kunstfehler nachwiesen. Dann soll er Wollhändler geworden sein und schlechte Geschäfte gemacht haben... Armer Schelm! er meinte, wenn er Wollhändler würde, könne er endlich in der Wolle sitzen. Ich glaube nichts von der ganzen Geschichte; viel Geschrei und wenig Wolle. Geneigter bin ich zu glauben, daß unser Dichter wirklich Wilddieb geworden und wegen eines Hirschkalbs in gerichtliche Bedrängnis geriet; weshalb ich ihn aber dennoch nicht ganz verdamme. »Auch Ehrlich hat einmal ein Kalb gestohlen«, sagt ein deutsches Sprichwort. Hierauf soll er nach London entflohen sein und dort, für ein Trinkgeld, die Pferde der großen Herrn vor der Türe des Theaters beaufsichtigt haben... So ungefähr lauten die Fabeln, die in der Literaturgeschichte ein altes Weib dem andern nachklatscht.

Authentische Urkunden über die Lebensverhältnisse Shakespeares sind seine Sonette, die ich jedoch nicht besprechen möchte und die eben, ob der tiefen menschlichen Misere, die sich darin offenbart, zu obigen Betrachtungen über das Privatleben der Poeten mich verleiteten.

Der Mangel an bestimmteren Nachrichten über Shakespeares Leben ist leicht erklärbar, wenn man die politischen und religiösen Stürme bedenkt, die bald nach seinem Tode ausbrachen, für einige Zeit eine völlige Puritanerherrschaft hervorriefen, auch später noch unerquicklich nachwirkten und die goldene Elisabeth-Periode der englischen Literatur nicht bloß vernichteten, sondern auch in gänzliche Vergessenheit brachten. Als man zu Anfang des vorigen Jahrhunderts die Werke von Shakespeare wieder ans große Tageslicht zog, fehlten alle jene Traditionen, welche zur Auslegung des Textes fördersam gewesen wären, und die Kommentatoren mußten zu einer Kritik ihre Zuflucht nehmen, die in einem flachen Empirismus und noch kläglicheren Materialismus ihre letzten Gründe schöpfte. Nur mit Ausnahme von William Hazlitt hat England keinen einzigen bedeutenden Kommentator Shakespeares hervorgebracht; überall Kleinigkeitskrämerei, selbstbespiegelnde Seichtigkeit, enthusiastisch tuender Dünkel, gelehrte Aufgeblasenheit, die vor Wonne fast zu platzen droht, wenn sie dem armen Dichter irgendeinen antiquarischen, geographischen oder chronologischen Schnitzer nachweisen und dabei bedauern kann, daß er leider die Alten nicht in der Ursprache studiert und auch sonst wenige Schulkenntnisse besessen habe. Er läßt ja die Römer Hüte tragen, läßt Schiffe landen in Böhmen, und zur Zeit Trojas läßt er den Aristoteles zitieren! Das war mehr, als ein englischer Gelehrter, der in Oxford zum Magister artium graduiert worden, vertragen konnte! Der einzige Kommentator Shakespeares, den ich als Ausnahme bezeichnet und der auch in jeder Hinsicht einzig zu nennen ist, war der selige Hazlitt, ein Geist, ebenso glänzend wie tief, eine Mischung von Diderot und Borne, flammende Begeisterung für die Revolution neben dem glühendsten Kunstsinn, immer sprudelnd von Verve und Esprit.

Besser als die Engländer haben die Deutschen den Shakespeare begriffen. Und hier muß wieder zuerst jener teure Name genannt werden, den wir überall antreffen, wo es bei uns eine große Initiative galt. Gotthold Ephraim Lessing war der erste, welcher in Deutschland seine Stimme für Shakespeare erhob. Er trug den schwersten Baustein herbei zu einem Tempel für den größten aller Dichter, und, was noch preisenswerter, er gab sich die Mühe, den Boden, worauf dieser Tempel erbaut werden sollte, von dem alten Schutte zu reinigen. Die leichten französischen Schaubuden, die sich breitmachten auf jenem Boden, riß er unbarmherzig nieder in seinem freudigen Baueifer. Gottsched schüttelte so verzweiflungsvoll die Locken seiner Perücke, daß ganz Leipzig erbebte und die Wangen seiner Gattin vor Angst, oder auch von Puderstaub, erbleichten. Man könnte behaupten, die ganze Lessingsche »Dramaturgie« sei im Interesse Shakespeares geschrieben.

Nach Lessing ist Wieland zu nennen. Durch seine Übersetzung des großen Poeten vermittelte er noch wirksamer die Anerkennung desselben in Deutschland. Sonderbar, der Dichter des »Agathon« und der »Musarion«, der tändlende Cavaliere servente der Grazien, der Anhänger und Nachahmer der Franzosen: er war es, den auf einmal der britische Ernst so gewaltig erfaßte, daß er selber den Helden aufs Schild hob, der seiner eigenen Herrschaft ein Ende machen sollte.

Die dritte große Stimme, die für Shakespeare in Deutschland erklang, gehörte unserem lieben, teuern Herder, der sich mit unbedingter Begeisterung für ihn erklärte. Auch Goethe huldigte ihm mit großem Trompetentusch; kurz, es war eine glänzende Reihe von Königen, welche, einer nach dem andern, ihre Stimme in die Urne warfen und den William Shakespeare zum Kaiser der Literatur erwählten.

Dieser Kaiser saß schon fest auf seinem Throne, als auch der Ritter August Wilhelm von Schlegel und sein Schildknappe, der Hofrat Ludwig Tieck, zum Handkusse gelangten und aller Welt versicherten, jetzt erst sei das Reich auf immer gesichert, das Tausendjährige Reich des großen Williams.

Es wäre Ungerechtigkeit, wenn ich Herrn A. W. Schlegel die Verdienste absprechen wollte, die er durch seine Übersetzung der Shakespeareschen Dramen und durch seine Vorlesungen über dieselben erworben hat. Aber ehrlich gestanden, diesen letzteren fehlt allzusehr der philosophische Boden; sie schweifen allzu oberflächlich in einem frivolen Dilettantismus umher, und einige häßliche Hintergedanken treten allzu sichtbar hervor, als daß ich darüber ein unbedingtes Lob aussprechen dürfte. Des Herrn A. W. Schlegels Begeisterung ist immer ein künstliches, ein absichtliches Hineinlügen in einen Rausch ohne Trunkenheit, und bei ihm, wie bei der übrigen romantischen Schule, sollte die Apotheose Shakespeares indirekt zur Herabwürdigung Schillers dienen. Die Schlegelsche Übersetzung ist gewiß bis jetzt die gelungenste und entspricht den Anforderungen, die man an einer metrischen Übertragung machen kann. Die weibliche Natur seines Talents kommt hier dem Übersetzer gar vortrefflich zustatten, und in seiner charakterlosen

Kunstfertigkeit kann er sich dem fremden Geiste ganz liebevoll und treu anschmiegen.

Indessen, ich gestehe es, trotz dieser Tugenden möchte ich zuweilen der alten Eschenburgschen Übersetzung, die ganz in Prosa abgefaßt ist, vor der Schlegelschen den Vorzug erteilen, und zwar aus folgenden Gründen:

Die Sprache des Shakespeare ist nicht demselben eigentümlich, sondern sie ist ihm von seinen Vorgängern und Zeitgenossen überliefert; sie ist die herkömmliche Theatersprache, deren sich damals der dramatische Dichter bedienen mußte, er mochte sie nun seinem Genius passend finden oder nicht. Man braucht nur flüchtig in Dodsleys »Collection of old plays« zu blättern, und man bemerkt, daß in allen Tragödien und Lustspielen damaliger Zeit dieselbe Sprechart herrscht, derselbe Euphuismus, dieselbe Übertreibung der Zierlichkeit, geschraubte Wortbildung, dieselben Concetti, Witzspiele, Geistesschnörkeleien, die wir ebenfalls bei Shakespeare finden und die von beschränkten Köpfen blindlings bewundert, aber von dem einsichtsvollen Leser, wo nicht getadelt, doch gewiß nur als eine Äußerlichkeit, als eine Zeitbedingung, die notwendigerweise zu erfüllen war, entschuldigt werden. Nur in den Stellen, wo der ganze Genius von Shakespeare hervortritt, wo seine höchsten Offenbarungen laut werden, da streift er auch jene traditionelle Theatersprache von sich ab und zeigt sich in einer erhaben schönen Nacktheit, in einer Einfachheit, die mit der ungeschminkten Natur wetteifert und uns mit den süßesten Schauern erfüllt. Ja, wo solche Stellen, da bekundet Shakespeare auch in der Sprache eine bestimmte Eigentümlichkeit, die aber der metrische Übersetzer, der mit gebundenen Wortfüßen dem Gedanken nachhinkt, nimmermehr getreu abspiegeln kann. Bei dem metrischen Übersetzer verlieren sich diese außerordentlichen Stellen in dem gewöhnlichen Gleise der Theatersprache, und auch Herr Schlegel kann diesem Schicksal nicht entgehen. Wozu aber die Mühe des metrischen Übersetzens, wenn eben das Beste des Dichters dadurch verlorengeht und nur das Tadelhafte wiedergegeben wird? Eine Übersetzung in Prosa, welche die prunklose, schlichte, naturähnliche Keuschheit gewisser Stellen leichter reproduziert, verdient daher gewiß den Vorzug vor der metrischen.

In unmittelbarer Nachfolge Schlegels hat sich Herr L. Tieck als Erläuterer Shakespeares einiges Verdienst erworben. Dieses geschah namentlich durch seine »Dramaturgischen Blätter«, welche vor vierzehn

Jahren in der »Abendzeitung« erschienen sind und unter Theaterliebhabern und Schauspielern das größte Aufsehen erregten. Es herrscht leider in jenen Blättern ein breitbeschaulicher, langwürdiger Belehrungston, dessen sich der liebenswürdige Taugenichts, wie ihn Gutzkow nennt, mit einer gewissen geheimen Schalkheit beflissen hat. Was ihm an Kenntnis der klassischen Sprachen, oder gar an Philosophie, abging, ersetzte er durch Anstand und Spaßlosigkeit, und man glaubt Sir John auf dem Sessel zu sehen, wie er dem Prinzen eine Standrede hält. Aber trotz der weitbauschigen, doktrinellen Gravität, worunter der kleine Ludwig seine philologische und philosophische Unwissenheit, seine ignorantia, zu verbergen sucht, befinden sich in den erwähnten Blättern die scharfsinnigsten Bemerkungen über die Charaktere der Shakespeareschen Helden, und hie und da begegnen wir sogar jener poetischen Anschauungsfähigkeit, die wir in den frühern Schriften des Herrn Tieck immer bewundert und mit Freude anerkannt haben.

Ach, dieser Tieck, welcher einst ein Dichter war und, wo nicht zu den Höchsten, doch wenigstens zu den Hochstrebenden gezählt wurde, wie ist er seitdem heruntergekommen! Wie kläglich ist das abgehaspelte Pensum, das er uns jetzt jährlich bietet, im Vergleiche mit den freien Erzeugnissen seiner Muse aus der frühern mondbeglänzten Märchenweltzeit! Ebenso lieb, wie er uns einst war, ebenso widerwärtig ist er uns jetzt, der ohnmächtige Neidhart, der die begeisterten Schmerzen deutscher Jugend in seinen Klatschnovellen verleumdet! Auf ihn passen so ziemlich die Worte Shakespeares: »Nichts schmeckt so ekelhaft wie Süßes, das in Verdorbenheit überging; nichts riecht so schnöde wie eine verfaulte Lilie!«

Unter den deutschen Kommentatoren des großen Dichters kann man den seligen Franz Horn nicht unerwähnt lassen. Seine Erläuterungen Shakespeares sind jedenfalls die vollständigsten und betragen fünf Bände. Es ist Geist darin, aber ein so verwaschener und verdünnter Geist, daß er uns noch unerquicklicher erscheint als die geistloseste Beschränktheit. Sonderbar, dieser Mann, der sich aus Liebe für Shakespeare sein ganzes Leben hindurch mit dem Studium desselben beschäftigte und zu seinen eifrigsten Anbetern gehört, war ein schwachmatischer Pietist. Aber vielleicht eben das Gefühl seiner eigenen Seelenmattigkeit erregte bei ihm ein beständiges Bewundern Shakespearescher Kraft, und wenn gar manchmal der britische Titane in seinen leidenschaftlichen Szenen den Pelion auf den Ossa schleudert und bis zur

Himmelsburg hinanstürmt, dann fällt dem armen Erläuterer vor Erstaunen die Feder aus der Hand, und er seufzt und flennt gelinde. Als Pietist müßte er eigentlich, seinem frömmelnden Wesen nach, jenen Dichter hassen, dessen Geist, ganz getränkt von blühender Götterlust, in jedem Worte das freudigste Heidentum atmet; er müßte ihn hassen, jenen Bekenner des Lebens, der, dem Glauben des Todes heimlich abhold und in den süßesten Schauern alter Heldenkraft schwelgend, von den traurigen Seligkeiten der Demut und der Entsagung und der Kopfhängerei nichts wissen will! Aber er liebt ihn dennoch, und in seiner unermüdlichen Liebe möchte er den Shakespeare nachträglich zur wahren Kirche bekehren; er kommentiert eine christliche Gesinnung in ihn hinein: sei es frommer Betrug oder Selbsttäuschung, diese christliche Gesinnung entdeckt er überall in den Shakespeareschen Dramen, und das fromme Wasser seiner Erläuterungen ist gleichsam ein Taufbad von fünf Bänden, welches er dem großen Heiden auf den Kopf gießt.

Aber, ich wiederhole es, diese Erläuterungen sind nicht ganz ohne Geist. Manchmal bringt Franz Horn einen guten Einfall zur Welt; dann schneidet er allerlei langweilig süßsäuerliche Grimassen und greint und dreht sich und windet sich auf dem Gebärstuhl des Gedankens; und wenn er endlich mit dem guten Einfall niedergekommen, dann betrachtet er gerührt die Nabelschnur und lächelt erschöpft, wie eine Wöchnerin. Es ist in der Tat eine ebenso verdrießliche wie kurzweilige Erscheinung, daß grade unser schwächlicher pietistischer Franz den Shakespeare kommentiert hat. In einem Lustspiel von Grabbe ist die Sache aufs ergötzlichste umgekehrt: Shakespeare, welcher nach dem Tode in die Hölle gekommen, muß dort Erläuterungen zu Franz Horns Werken schreiben.

Wirksamer als die Glossen und die Erklärerei und das mühsame Lobhudeln der Kommentatoren war für die Popularisierung Shakespeares die begeisterte Liebe, womit talentvolle Schauspieler seine Dramen aufführten und somit dem Urteil des gesamten Publikums zugänglich machten. Lichtenberg, in seinen »Briefen aus England«, gibt uns einige bedeutsame Nachrichten über die Meisterschaft, womit, in der Mitte des vorigen Jahrhunderts, auf der Londoner Bühne die Shakespeareschen Charaktere dargestellt wurden. Ich sage Charaktere, nicht die Werke in ihrer Ganzheit; denn bis auf heutiger Stunde haben die britischen Schauspieler im Shakespeare nur die Charakteristik begriffen, keineswegs die Poesie und noch weniger die Kunst. Solche Einseitigkeit der Auffassung findet sich aber jedenfalls in weit borrnierterem Grade bei den Kommentatoren, die durch die bestäubte Brille der Gelehrsamkeit nimmermehr imstande waren, das Allereinfachste, das Zunächstliegende, die Natur, in Shakespeares Dramen zu sehen. Garrick sah klarer den Shakespeareschen Gedanken als Dr. Johnson, der John Bull der Gelehrsamkeit, auf dessen Nase die Königin Mab gewiß die drolligsten Sprünge machte, während er über den »Sommernachtstraum« schrieb; er wußte gewiß nicht, warum er bei Shakespeare mehr Nasenkitzel und Lust zum Niesen empfand als bei den übrigen Dichtern, die er kritisierte.

Während Dr. Johnson die Shakespeareschen Charaktere als tote Leichen sezierte und dabei seine dicksten Dummheiten in ciceronianischem Englisch auskramte und sich mit plumper Selbstgefälligkeit auf den Antithesen seines lateinischen Periodenbaues schaukelte, stand Garrick auf der Bühne und erschütterte das ganze Volk von England, indem er mit schauerlicher Beschwörung jene Toten ins Leben rief, daß sie vor aller Augen ihre grauenhaften, blutigen oder lächerlichen Geschäfte verrichteten. Dieser Garrick aber liebte den großen Dichter, und zum Lohne für solche Liebe liegt er begraben in Westminster, neben dem Piedestal der Shakespeareschen Statue, wie ein treuer Hund zu den Füßen seines Herrn.

Eine Übersiedelung des Garrickschen Spiels nach Deutschland verdanken wir dem berühmten Schröder, welcher auch einige der besten Dramen Shakespeares für die deutsche Bühne zuerst bearbeitete. Wie Garrick, so hat auch Schröder weder die Poesie noch die Kunst begriffen, die sich in jenen Dramen offenbart, sondern er tat nur einen verständigen Blick in die Natur, die sich darin zunächst ausspricht; und weniger suchte er die holdselige Harmonie und die innere Vollendung eines Stücks als vielmehr die einzelnen Charaktere darin mit der einseitigsten Naturtreue zu reproduzieren. Zu diesem Urteil berechtigen mich sowohl die Traditionen seines Spieles, wie sie sich bis heutigen Tag auf der Hamburger Bühne erhielten, als auch seine Bearbeitungen der Shakespeareschen Stücke selbst, worin alle Poesie und Kunst verwischt ist und nur durch Zusammenfassung der schärfsten Züge eine feste Zeichnung der Hauptcharaktere, eine gewisse allgemein zugängliche Natürlichkeit hervortritt.

Aus diesem Systeme der Natürlichkeit entwickelte sich auch das Spiel des großen Devrient, den ich einst zu Berlin gleichzeitig mit dem großen Wolff spielen sah, welcher letztere in seinem Spiele vielmehr dem Systeme der Kunst huldigte. Obgleich, von den verschiedensten Richtungen ausgehend, jener die Natur, dieser die Kunst als das Höchste erstrebte, begegneten sie sich doch beide in der Poesie, und durch ganz entgegengesetzte Mittel erschütterten und entzückten sie die Herzen der Zuschauer.

Weniger, als man erwarten durfte, haben die Musen der Musik und der Malerei zur Verherrlichung Shakespeares beigetragen. Waren sie neidisch auf ihre Schwestern Melpomene und Thalia, die durch den großen Briten ihre unsterblichsten Kränze ersiegt? Außer »Romeo und Julia« und »Othello« hat kein Shakespearesches Stück irgendeinen bedeutenden Komponisten zu großen Schöpfungen begeistert. Den Wert jener tönenden Blumen, die dem jauchzenden Nachtigallherzen Zingarellis entsprossen, brauche ich ebensowenig zu loben wie jene süßesten Klänge, womit der Schwan von Pesaro die verblutende Zärtlichkeit Desdemonas und die schwarzen Flammen ihres Geliebten besungen hat! Die Malerei wie überhaupt die zeichnenden Künste haben den Ruhm unseres Dichters noch kärglicher unterstützt. Die sogenannte Shakespeare-Galerie in Pall-Mall zeugt zwar von dem guten Willen, aber zugleich von der kühlen Ohnmacht der britischen Maler. Es sind nüchterne Darstellungen, ganz im Geiste der ältern Franzosen, ohne den Geschmack, der sich bei diesen nie ganz verleugnet. Es gibt etwas, worin die Engländer ebenso lächerliche Pfuscher sind wie in der Musik, das ist nämlich die Malerei. Nur im Fache des Porträts haben sie Ausgezeichnetes geleistet, und gar wenn sie das Porträt mit dem Grabstichel, also nicht mit Farben, behandeln können, übertreffen sie die Künstler des übrigen Europa. Was ist der Grund jenes Phänomens, daß die Engländer, denen der Farbensinn so kümmerlich versagt ist, dennoch die außerordentlichsten Zeichner sind und Meisterstücke des Kupfer- und Stahlstichs zu liefern vermögen? Daß letzteres der Fall ist, bezeugen die nach Shakespeareschen Dramen gezeichneten Porträte von Frauen und Mädchen, die ich hier mitteile und deren Vortrefflichkeit wohl keines Kommentars bedarf. Von Kommentar ist hier überhaupt am allerwenigsten die Rede. Die vorstehenden Blätter sollten nur dem lieblichen Werke als flüchtige Einleitung, als Vorgruß, dienen, wie es Brauch und üblich ist. Ich bin der Pförtner, der euch diese Galerie aufschließt, und was ihr bis jetzt gehört, war nur eitel Schlüsselgerassel. Indem ich euch umherführe, werde ich manchmal ein kurzes Wort in eure Betrachtungen hineinschwatzen; ich werde manchmal jene Cicerone nachahmen, die nie erlauben, daß man sich in der Betrachtung irgendeines Bildes allzu begeisterungsvoll versenkt; mit irgendeiner banalen Bemerkung wissen sie euch bald aus der beschaulichen Entzückung zu wecken.

Jedenfalls glaube ich mit dieser Publikation den heimischen Freunden eine Freude zu machen. Der Anblick dieser schönen Frauengesichter möge ihnen die Betrübnis, wozu sie jetzt so sehr berechtigt sind, von der Stirne verscheuchen. Ach! daß ich euch nichts Reelleres zu bieten vermag als diese Schattenbilder der Schönheit! Daß ich euch die rosige Wirklichkeit nicht erschließen kann! Ich wollte einst die Hellebarden brechen, womit man euch die Gärten des Genusses versperrt.... Aber die Hand war schwach, und die Hellebardiere lachten und stießen mich mit ihren Stangen gegen die Brust, und das vorlaut großmütige Herz verstummte, aus Scham, wo nicht gar aus Furcht. Ihr seufzet?

Tragödien

Cressida

(Troilus und Cressida)

Es ist die ehrenfeste Tochter des Priesters Kalchas, welche ich hier dem verehrungswürdigen Publiko zuerst vorführe. Pandarus war ihr Oheim: ein wackerer Kuppler; seine vermittelnde Tätigkeit wäre jedoch schier entbehrlich gewesen. Troilus, ein Sohn des vielzeugenden Priamus, war ihr erster Liebhaber; sie erfüllte alle Formalitäten, sie schwur ihm ewige

Treue, brach sie mit gehörigem Anstand und hielt einen seufzenden Monolog über die Schwäche des weiblichen Herzens, ehe sie sich dem Diomedes ergab. Der Horcher Thersites, welcher ungalanterweise immer den rechten Namen ausspricht, nennt sie eine Metze. Aber er wird wohl einst seine Ausdrücke mäßigen müssen; denn es kann sich wohl ereignen, daß die Schöne, von einem Helden zum andern und immer zum geringeren hinabsinkend, endlich ihm selber als süße Buhle anheimfällt.

Nicht ohne mancherlei Gründe habe ich an der Pforte dieser Galerie das Bildnis der Cressida aufgestellt. Wahrlich nicht ihrer Tugend wegen, nicht weil sie ein Typus des gewöhnlichen Weibercharakters, gestattete ich ihr den Vorrang vor so manchen herrlichen Idealgestalten Shakespearescher Schöpfung; nein, ich eröffnete die Reihe mit dem Bilde jener zweideutigen Dame, weil ich, wenn ich unseres Dichters sämtliche Werke herausgeben sollte, ebenfalls das Stück, welches den Namen »Troilus und Cressida« führt, allen ändern voranstellen würde. Steevens, in seiner Prachtausgabe Shakespeares, tut dasselbe, ich weiß nicht warum; doch zweifle ich, ob dieselben Gründe, die ich jetzt andeuten will, auch jenen englischen Herausgeber bestimmten.

»Troilus und Cressida« ist das einzige Drama von Shakespeare, worin er die nämlichen Heroen tragieren läßt, welche auch die griechischen Dichter zum Gegenstand ihrer dramatischen Spiele wählten, so daß sich uns, durch Vergleichung mit der Art und Weise, wie die ältern Poeten dieselben Stoffe behandelten, das Verfahren Shakespeares recht klar offenbart. Während die klassischen Dichter der Griechen nach erhabenster Verklärung der Wirklichkeit streben und sich zur Idealität emporschwingen, dringt unser moderner Tragiker mehr in die Tiefe der Dinge; er gräbt mit scharfgewetzter Geistesschaufel in den stillen Boden der Erscheinungen und entblößt vor unseren Augen ihre verborgenen Wurzeln. Im Gegensatz zu den antiken Tragikern, die, wie die antiken Bildhauer, nur nach Schönheit und Adel rangen und auf Kosten des Gehaltes die Form verherrlichten, richtete Shakespeare sein Augenmerk zunächst auf Wahrheit und Inhalt; daher seine Meisterschaft der Charakteristik, womit er nicht selten, an die verdrießlichste Karikatur streifend, die Helden ihrer glänzenden Harnische entkleidet und in dem lächerlichsten Schlafrock erscheinen läßt. Die Kritiker, welche »Troilus und Cressida« nach den Prinzipien beurteilten, die Aristoteles aus den besten griechischen Dramen abstrahiert hat, mußten daher in die größten Verlegenheiten, wo nicht gar in die possierlichsten Irrtümer, geraten. Als Tragödie war ihnen das Stück nicht ernsthaft und pathetisch genug; denn alles darin ging so natürlich vonstatten, fast wie bei uns; und die Helden handelten ebenso dumm, wo nicht gar gemein, wie bei uns; und der Haupheld ist ein Laps und die Heldin eine gewöhnliche Schürze, wie wir deren genug unter unseren nächsten Bekannten wahrnehmen... und gar die gefeiertesten Namenträger, Renommeen der heroischen Vorzeit, z.B. der große Pelide Achilles, der tapfere Sohn der Thetis, wie miserabel erscheinen sie hier! Auf der andern Seite konnte auch das Stück nicht für eine Komödie erklärt werden; denn vollströmig floß darin das Blut, und erhaben genug klangen darin die längsten Reden der Weisheit, wie z.B. die Betrachtungen, welche Ulysses über die Notwendigkeit der Auctoritas anstellt und die bis auf heutige Stunde die größte Beherzigung verdienten.

Nein, ein Stück, worin solche Reden gewechselt werden, das kann keine Komödie sein, sagten die Kritiker, und noch weniger durften sie annehmen, daß ein armer Schelm, welcher, wie der Turnlehrer Maßmann, blutwenig Latein und gar kein Griechisch verstand, so verwegen sein sollte, die berühmten klassischen Helden zu einem Lustspiele zu gebrauchen!

Nein, »Troilus und Cressida« ist weder Lustspiel noch Trauerspiel im gewöhnlichen Sinne; dieses Stück gehört nicht zu einer bestimmten Dichtungsart, und noch weniger kann man es mit den vorhandenen Maßstäben messen: es ist Shakespeares eigentümlichste Schöpfung. Wir können ihre hohe Vortrefflichkeit nur im allgemeinen anerkennen; zu einer besonderen Beurteilung bedürften wir jener neuen Ästhetik, die noch nicht geschrieben ist.

Wenn ich nun dieses Drama unter der Rubrik »Tragödien« einregistriere, so will ich dadurch von vornherein zeigen, wie streng ich es mit solchen Überschriften nehme. Mein alter Lehrer der Poetik, im Gymnasium zu Düsseldorf, bemerkte einst sehr scharfsinnig: »Diejenigen Stücke, worin nicht der heitere Geist Thalias, sondern die Schwermut Melpomenes atmet, gehören ins Gebiet der Tragödie.« Vielleicht trug ich jene umfassende Definition im Sinne, als ich auf den Gedanken geriet, »Troilus und Cressida« unter die Tragödien zu stecken. Und in der Tat, es herrscht darin eine jauchzende Bitterkeit, eine weltverhöhnende Ironie, wie sie uns nie in den Spielen der komischen Muse begegnete. Es ist weit eher die tragische Göttin, welche überall in diesem

Stücke sichtbar wird, nur daß sie hier einmal lustig tun und Spaß machen möchte... Und es ist, als sähen wir Melpomene auf einem Grisettenball den Chahut tanzen, freches Gelächter auf den bleichen Lippen und den Tod im Herzen.

Kassandra

(Troilus und Cressida)

Es ist die wahrsagende Tochter des Priamus, welche wir hier im Bildnisse vorführen. Sie trägt im Herzen das schauerliche Vorwissen der Zukunft; sie verkündet den Untergang Ilions, und jetzt, wo Hektor sich waffnet, um mit dem schrecklichen Peliden zu kämpfen, fleht sie und jammert sie... Sie sieht im Geiste schon den geliebten Bruder aus offenen Todeswunden verbluten... Sie fleht und jammert. Vergebens! niemand hört auf ihren Rat, und ebenso rettungslos wie das ganze verblendete Volk sinkt sie in den Abgrund eines dunkeln Schicksals.

Kärgliche und eben nicht sehr bedeutungsvolle Worte widmet Shakespeare der schönen Seherin; sie ist bei ihm nur eine gewöhnliche Unglücksprophetin, die mit Wehegeschrei in der verfemten Stadt umherläuft:

> Ihr Auge rollt irre,
> Ihr Haar flattert wirre,

wie Figura zeigt.
Liebreicher hat sie unser großer Schiller in einem seiner schönsten Gedichte gefeiert. Hier klagt sie dem pythischen Gotte mit den schneidendsten Jammertönen das Unglück, das er über seine Priesterin verhängt... Ich selber hatte einmal in öffentlicher Schulprüfung jenes Gedicht zu deklamieren, und stecken blieb ich bei den Worten:

> Frommt's, den Schleier aufzuheben,
> Wo das nahe Schrecknis droht?
> Nur der Irrtum ist das Leben,
> Und das Wissen ist der Tod.

Helena

(Troilus und Cressida)

Diese ist die schöne Helena, deren Geschichte ich euch nicht ganz erzählen und erklären kann; ich müßte denn wirklich mit dem Ei der Leda beginnen.

Ihr Titularvater hieß Tyndarus, aber ihr wirklich geheimer Erzeuger war ein Gott, der in der Gestalt eines Vogels ihre gebenedeiete Mutter befruchtet hatte, wie dergleichen im Altertum oft geschah. Früh verheiratet ward sie nach Sparta; doch bei ihrer außerordentlichen Schönheit ist es leicht begreiflich, daß sie dort bald verführt wurde und ihren Gemahl, den König Menelaus, zum Hahnerei machte.

Meine Damen, wer von euch sich ganz rein fühlt, werfe den ersten Stein auf die arme Schwester. Ich will damit nicht sagen, daß es keine ganz treuen Frauen geben könne. War doch schon das erste Weib, die berühmte Eva, ein Muster ehelicher Treue. Ohne den leisesten Ehebruchsgedanken wandelte sie an der Seite ihres Gemahls, des berühmten Adams, der damals der einzige Mann in der Welt war und ein Schurzfell von Feigenblättern trug. Nur mit der Schlange konversierte sie gern, aber bloß wegen der schönen französischen Sprache, die sie sich dadurch aneignete, wie sie denn überhaupt nach Bildung strebte. O ihr Evastöchter, ein schönes Beispiel hat euch eure Stammutter hinterlassen!...

Frau Venus, die unsterbliche Göttin aller Wonne, verschaffte dem Prinzen Paris die Gunst der schönen Helena; er verletzte die heilige Sitte des Gastrechts und entfloh mit seiner holden Beute nach Troja, der sichern Burg... was wir alle ebenfalls unter solchen Umständen getan hätten. Wir alle, und darunter verstehe ich ganz besonders uns Deutsche, die wir gelehrter sind als andere Völker und uns von Jugend auf mit den Gesängen des Homers beschäftigen. Die schöne Helena ist unser frühester Liebling, und schon im Knabenalter, wenn wir auf den Schulbänken sitzen und der Magister uns die schönen griechischen Verse expliziert, wo die trojanischen Greise beim Anblick der Helena in Entzückung geraten... dann pochen schon die süßesten Gefühle in unserer jungen unerfahrenen Brust... Mit errötenden Wangen und unsicherer Zunge antworten wir auf die grammatischen Fragen des Magisters... Späterhin, wenn wir älter und ganz gelehrt und sogar Hexenmeister geworden sind und den Teufel selbst beschwören können, dann begehren wir von dem dienenden Geiste, daß er uns die schöne Helena von Sparta verschaffe. Ich habe es schon einmal gesagt, der Johannes Faustus ist der wahre Repräsentant der Deutschen, des Volkes, das im Wissen seine Lust befriedigt, nicht im Leben. Obgleich dieser berühmte Doktor, der Normaldeutsche, endlich nach Sinnengenuß lechzt und schmachtet, sucht er den Gegenstand der Befriedigung keineswegs auf den blühenden Fluren der Wirklichkeit, sondern im gelehrten Moder der Bücherwelt; und während ein französischer oder italienischer Nekromant von dem Mephistopheles das schönste Weib der Gegenwart gefordert hätte, begehrt der deutsche Faust ein Weib, welches bereits vor Jahrtausenden gestorben ist und ihm nur noch als schöner Schatten aus altgriechischen Pergamenten entgegenlächelt, die Helena von Sparta! Wie bedeutsam charakterisiert dieses Verlangen das innerste Wesen des deutschen Volkes!

Ebenso kärglich wie die Kassandra hat Shakespeare im vorliegenden Stücke, in »Troilus und Cressida«, die schöne Helena behandelt. Wir sehen sie nebst Paris auftreten und mit dem greisen Kuppler Pandarus einige heiter neckende Gespräche wechseln. Sie foppt ihn, und endlich begehrt sie, daß er mit seiner alten meckernden Stimme ein Liebeslied singe. Aber schmerzliche Schatten der Ahnung, die Vorgefühle eines entsetzlichen Ausgangs, beschleichen manchmal ihr leichtfertiges Herz; aus den rosigsten Scherzen recken die Schlangen ihre schwarzen Köpfchen hervor, und sie verrät ihren Gemütszustand in den Worten:

»Laß uns ein Lied der Liebe hören... diese Liebe wird uns alle zugrunde richten. O Cupido! Cupido! Cupido!«

Virgilia

(Coriolan)

Sie ist das Weib des Coriolan, eine schüchterne Taube, die nicht einmal zu girren wagt in Gegenwart des überstolzen Gatten. Wenn dieser aus dem Felde siegreich zurückkehrt und alles ihm entgegenjubelt, senkt sie demütig ihr Antlitz, und der lächelnde Held nennt sie sehr sinnig: »Mein holdes Stillschweigen!« In diesem Stillschweigen liegt ihr ganzer Charakter; sie schweigt wie die errötende Rose, wie die keusche Perle, wie der sehnsüchtige Abendstern, wie das entzückte Menschenherz...

es ist ein volles, kostbares, glühendes Schweigen, das mehr sagt als alle Beredsamkeit, als jeder rhetorische Wortschwall. Sie ist ein verschämt sanftes Weib, und in ihrer zarten Holdseligkeit bildet sie den reinsten Gegensatz zu ihrer Schwieger, der römischen Wölfin Volumnia, die den Wolf Cajus Marcius einst gesäugt mit ihrer eisernen Milch. Ja, letztere ist die wahre Matrone, und aus ihren patrizischen Zitzen sog die junge Brut nichts als wilden Mut, ungestümen Trotz und Verachtung des Volkes.

Wie ein Held durch solche früh eingesogenen Tugenden und Untugenden die Lorbeerkrone des Ruhmes erwirbt, dagegen aber die bessere Krone, den bürgerlichen Eichenkranz, einbüßt und endlich, bis zum entsetzlichsten Verbrechen, bis zum Verrat an dem Vaterland, herabsinkend, ganz schmählich untergeht: das zeigt uns Shakespeare in dem tragischen Drama, welches »Coriolan« betitelt ist.

Nach »Troilus und Cressida«, worin unser Dichter seinen Stoff der altgriechischen Heroenzeit entnommen, wende ich mich zu dem »Coriolan«, weil wir hier sehen, wie er römische Zustände zu behandeln verstand. In diesem Drama schildert er nämlich den Parteikampf der Patrizier und Plebejer im alten Rom.

Ich will nicht geradezu behaupten, daß diese Schilderung in allen Einzelheiten mit den Annalen der römischen Geschichte übereinstimme; aber das Wesen jener Kämpfe hat unser Dichter aufs tiefste begriffen und dargestellt. Wir können solches um so richtiger beurteilen, da unsere Gegenwart manche Erscheinungen aufweist, die dem betrübsamen Zwiespalte gleichen, welcher einst im alten Rom zwischen den bevorrechteten Patriziern und den herabgewürdigten Plebejern herrschte. Man sollte manchmal glauben, Shakespeare sei ein heutiger Dichter, der im heutigen London lebe und unter römischen Masken die jetzigen Tories und Radikalen schildern wolle. Was uns in solcher Meinung noch bestärken könnte, ist die große Ähnlichkeit, die sich überhaupt zwischen den alten Römern und heutigen Engländern und den Staatsmännern beider Völker vorfindet. In der Tat, eine gewisse poesielose Härte, Habsucht, Blutgier, Unermüdlichkeit, Charakterfestigkeit ist den heutigen Engländern ebenso eigen wie den alten Römern, nur daß diese weit mehr Landratten als Wasserratten waren; in der Unliebenswürdigkeit, worin sie beide den höchsten Gipfel erreicht haben, sind sie sich gleich. Die auffallendste Wahlverwandtschaft bemerkt man bei dem Adel beider Völker. Der englische wie der ehemalige römische Edelmann ist patriotisch: die Vaterlandsliebe hält ihn, trotz aller politischen Rechtsverschiedenheit, mit den Plebejern aufs innigste verbunden, und dieses sympathetische Band bewirkt, daß die englischen Aristokraten und Demokraten, wie einst die römischen, ein ganzes, ein einiges Volk bilden. In andern Ländern, wo der Adel weniger an den Boden, sondern mehr an die Person des Fürsten gefesselt ist oder gar sich ganz den partikulären Interessen seines Standes hingibt, ist dieses nicht der Fall. Dann finden wir bei dem englischen wie einst bei dem römischen Adel das Streben nach Auctoritas, als das Höchste, Ruhmwürdigste und mittelbar auch Einträglichste; ich sage das mittelbar Einträglichste, da, wie einst in Rom, so jetzt auch in England die Verwaltung der höchsten Staatsämter nur durch mißbrauchten Einfluß und herkömmliche Erpressungen, also mittelbar, bezahlt wird. Jene Ämter sind Zweck der Jugenderziehung in den hohen Familien bei den Engländern, ganz wie einst bei den Römern; und wie bei diesen, so auch bei jenen gilt Kriegskunst und Beredsamkeit als die besten Hülfsmittel künftiger Auctoritas. Wie bei den Römern, so auch bei den Engländern ist die Tradition des Regierens und des Administrierens das Erbteil der edlen Geschlechter; und dadurch werden die englischen Tories vielleicht ebensolange unentbehrlich sein, ja sich ebensolange in Macht erhalten wie die senatorischen Familien des alten Roms.

Nichts aber ist dem heutigen Zustand in England so ähnlich wie jene Stimmenbewerbung, die wir im »Coriolan« geschildert sehen. Mit welchem verbissenen Grimm, mit welcher höhnischen Ironie bettelt der römische Tory um die Wahlstimmen der guten Bürger, die er in der Seele so tief verachtet, deren Zustimmung ihm aber so unentbehrlich ist, um Konsul zu werden! Nur daß die meisten englischen Lords, die, statt in Schlachten, nur in Fuchsjagden ihre Wunden erworben haben und sich von ihren Müttern in der Verstellungskunst besser unterrichten lassen, bei den heutigen Parlamentswahlen ihren Grimm und Hohn nicht so zur Schau tragen wie der starre Coriolan.

Wie immer hat Shakespeare auch in dem vorliegenden Drama die höchste Unparteilichkeit ausgeübt. Der Aristokrat hat hier recht, wenn er seine plebejischen Stimmherrn verachtet; denn er fühlt, daß er selber tapferer im Kriege war, was bei den Römern als höchste Tugend galt. Die armen Stimmherrn, das Volk, haben indessen ebenfalls recht, sich ihm, trotz dieser Tugend, zu widersetzen; denn er hat nicht undeutlich geäußert, daß er, als Konsul, die Brotverteilungen abschaffen wolle. »Das Brot ist aber das erste Recht des Volks.«

Portia

(Julius Cäsar)

Der Hauptgrund von Cäsars Popularität war die Großmut, womit er das Volk behandelte, und seine Freigebigkeit. Das Volk ahnete in ihm den Begründer jener bessern Tage, die es unter seinen Nachkommen, den Kaisern, erleben sollte; denn diese gewährten dem Volke sein erstes Recht: sie gaben ihm sein tägliches Brot. Gern verzeihen wir den Kaisern die blutigste Willkür, womit sie einige hundert patrizische Familien behandelten und die Privilegien derselben verspotteten; wir erkennen in ihnen, und mit Dank, die Zerstörer jener Adelsherrschaft, welche dem Volk für die härtesten Dienste nur kärglichen Lohn bewilligte; wir preisen sie als weltliche Heilande, die, erniedrigend die Hohen und erhöhend die Niedrigen, eine bürgerliche Gleichheit einführten. Mag immerhin der Advokat der Vergangenheit, der Patrizier Tacitus, die Privatlaster und Tollheiten der Cäsaren mit dem poetischsten Gifte beschreiben, wir wissen doch von ihnen das Bessere: sie fütterten das Volk.

Cäsar ist es, welcher die römische Aristokratie ihrem Untergang zuführt und den Sieg der Demokratie vorbereitet. Indessen manche alte Patrizier hegen im Herzen noch den Geist des Republikanismus; sie können die Oberherrschaft eines einzigen noch nicht vertragen; sie können nicht leben, wo ein einziger das Haupt über das ihre erhebt, und sei es auch das herrliche Haupt eines Julius Cäsar; und sie wetzen ihre Dolche und töten ihn.

Demokratie und Königtum stehen sich nicht feindlich gegenüber, wie man fälschlich in unsern Tagen behauptet hat. Die beste Demokratie wird immer diejenige sein, wo ein einziger als Inkarnation des Volkswillens an der Spitze des Staates steht, wie Gott an der Spitze der Weltregierung; unter jenem, dem inkarnierten Volkswillen, wie unter der Majestät Gottes, blüht die sicherste Menschengleichheit, die echteste Demokratie. Aristokratismus und Republikanismus stehen einander ebenfalls nicht feindlich gegenüber, und das sehen wir am klarsten im vorliegenden Drama, wo sich eben in den hochmütigsten Aristokraten der Geist des Republikanismus mit seinen schärfsten Charakterzügen ausspricht. Bei Cassius noch weit mehr als bei Brutus treten uns diese Charakterzüge entgegen. Wir haben nämlich schon längst die Bemerkung gemacht, daß der Geist des Republikanismus in einer gewissen engbrüstigen Eifersucht besteht, die nichts über sich dulden will; in einem gewissen Zwergneid, der allem Emporragenden abhold ist, der nicht einmal die Tugend durch einen Menschen repräsentiert sehen möchte, fürchtend, daß solcher Tugendrepräsentant seine höhere Persönlichkeit geltend machen könne. Die Republikaner sind daher heutzutage bescheidenheitsüchtige Deisten und sähen gern in den Menschen nur kümmerliche Lehmfiguren, die, gleichgeknetet aus den Händen eines Schöpfers hervorgegangen, sich aller hochmütigen Auszeichnungslust und ehrgeizigen Prunksucht enthalten sollten. Die englischen Republikaner huldigten einst einem ähnlichen Prinzipe, dem Puritanismus, und dasselbe gilt von den altrömischen Republikanern: sie waren nämlich Stoiker. Wenn man dieses bedenkt, muß man erstaunen, mit welchem Scharfsinn Shakespeare den Cassius geschildert hat, namentlich in seinem Gespräche mit Brutus, wenn er hört, wie das Volk den Cäsar, den es zum König erheben möchte, mit Jubelgeschrei begrüßt:

> Ich weiß es nicht, wie Ihr und andre Menschen
> Von diesem Leben denkt; mir, für mich selbst,
> Wär es so lieb, nicht da sein, als zu leben
> In Furcht vor einem Wesen wie ich selbst.
> Ich kam wie Cäsar frei zur Welt, so Ihr;
> Wir nährten uns so gut, wir können beide
> So gut wie er des Winters Frost ertragen.
> Denn einst, an einem rauhen, stürm'schen Tage,
> Als wild die Tiber an ihr Ufer tobte,
> Sprach Cäsar zu mir: »Wagst du, Cassius, nun
> Mit mir zu springen in die zorn'ge Flut
> Und bis dorthin zu schwimmen?« – Auf dies Wort,
> Bekleidet, wie ich war, stürzt ich hinein
> Und hieß ihn folgen; wirklich tat er's auch.
> Der Strom brüllt' auf uns ein, wir schlugen ihn
> Mit wackern Sehnen, warfen ihn beiseit',
> Und hemmten ihn mit einer Brust des Trotzes;
> Doch eh' wir das erwählte Ziel erreicht,
> Rief Cäsar: »Hilf mir, Cassius! Ich sinke.«
> Ich, wie Äneas, unser großer Ahn,
> Aus Trojas Flammen einst auf seinen Schultern
> Den alten Vater trug, so aus den Wellen
> Zog ich den müden Cäsar. – Und *der* Mann
> Ist nun zum Gott erhöht, und Cassius ist
> Ein arm Geschöpf, und muß den Rücken beugen,
> Nickt Cäsar nur nachlässig gegen ihn.
> Als er in Spanien war, hatt er ein Fieber,
> Und wenn der Schau'r ihn ankam, merkt ich wohl
> Sein Beben: ja, er bebte, dieser Gott!
> Das feige Blut der Lippen nahm die Flucht,
> Sein Auge, dessen Blick die Welt bedräut,
> Verlor den Glanz, und ächzen hört ich ihn.
> Ja, dieser Mund, der horchen hieß die Römer

> Und in ihr Buch einzeichnen seine Reden,
> Ach, rief: »Titinius! gib mir zu trinken!«
> Wie 'n krankes Mädchen. Götter! ich erstaune,
> Wie nur ein Mann so schwächlicher Natur
> Der stolzen Welt den Vorsprung abgewann
> Und nahm die Palm' allein.

Cäsar selber kennt seinen Mann sehr gut, und in einem Gespräche mit Antonius entfallen ihm die tiefsinnigen Worte:

> Laßt wohlbeleibte Männer um mich sein,
> Mit glatten Köpfen, und die nachts gut schlafen:
> Der Cassius dort hat einen hohlen Blick;
> Er denkt zuviel: die Leute sind gefährlich.
>
> ...
>
> Wär er nur fetter! – Zwar ich fürcht ihn nicht;
> Doch wäre Furcht nicht meinem Namen fremd,
> Ich kenne niemand, den ich eher miede
> Als diesen hagern Cassius. Er liest viel;
> Er ist ein großer Prüfer und durchschaut
> Das Tun der Menschen ganz; er liebt kein Spiel,
> Wie du, Antonius; hört nicht Musik;
> Er lächelt selten, und auf solche Weise,
> Als spott' er sein, verachte seinen Geist,
> Den irgend was zum Lächeln bringen konnte.
> Und solche Männer haben nimmer Ruh',
> Solang' sie jemand größer sehn als sich;
> Das ist es, was sie so gefährlich macht.

Cassius ist Republikaner, und wie wir es oft bei solchen Menschen finden, er hat mehr Sinn für edle Männerfreundschaft als für zarte Frauenliebe. Brutus hingegen opfert sich für die Republik, nicht weil er seiner Natur nach Republikaner, sondern weil er ein Tugendheld ist und in jener Aufopferung eine höchste Aufgabe der Pflicht sieht. Er ist empfänglich für alle sanften Gefühle, und mit weicher Seele hängt er an seiner Gattin Portia.

Portia, eine Tochter des Cato, ganz Römerin, ist dennoch liebenswürdig, und selbst in den höchsten Aufflügen ihres Heroismus offenbart sie den weiblichsten Sinn und die sinnigste Weiblichkeit. Mit ängstlichen Liebesaugen lauert sie auf jeden Schatten, der über die Stirne ihres Gemahls dahinzieht und seine bekümmerten Gedanken verrät. Sie will wissen, was ihn quält, sie will die Last des Geheimnisses, das seine Seele drückt, mit ihm teilen... Und als sie es endlich weiß, ist sie dennoch ein Weib, unterliegt fast den furchtbaren Besorgnissen, kann sie nicht verbergen und gesteht selber:

Ich habe Mannessinn, doch Weiberohnmacht.
Wie fällt doch ein Geheimnis Weibern schwer!

Cleopatra

(Antonius und Cleopatra)

Ja, dieses ist die berühmte Königin von Ägypten, welche den Antonius zugrunde gerichtet hat.

    Er wußte es ganz bestimmt, daß er durch dieses Weib seinem Verderben entgegenging, er will sich ihren Zauberfesseln entreißen...

        Schnell muß ich fort von hier.

Er flieht... doch nur, um desto eher zurückzukehren zu den Fleischtöpfen Ägyptens, zu seiner alten Nilschlange, wie er sie nennt... bald wühlt er sich wieder mit ihr im prächtigen Schlamme zu Alexandrien, und dort, erzählt Octavius:

> Dort auf dem Markt auf silberner Tribüne,
> Auf goldnen Stühlen, thront' er öffentlich
> Mit der Cleopatra. Cäsarion saß
> Zu ihren Füßen, den man für den Sohn
> Von meinem Vater hält; und alle die
> Unechten Kinder, die seit jener Zeit
> Erzeugte ihre Wollust. Ihr verlieh
> Ägypten er zum Eigentum und machte
> Von Niedersyrien, Cyprus, Lydien sie
> Zur unumschränkten Königin.
>
> ...
>
> An dem Ort,
> Wo man die öffentlichen Spiele gibt,
> Da kündet' er als Könige der Kön'ge
> Die Söhne; gab Großmedien, Parthien,
> Armenien dem Alexander, wies
> Dem Ptolemäus Syrien, Cilicien
> Und auch Phönizien an. Sie selbst erschien
> Im Schmuck der Göttin Isis diesen Tag,
> Und wie man sagt, erteilte sie vorher
> Auf diese Weise oftmals schon Gehör.

Die ägyptische Zauberin hält nicht bloß sein Herz, sondern auch sein Hirn gefangen und verwirrt sogar sein Feldherrntalent. Statt auf dem festen Lande, wo er geübt im Siegen, liefert er die Schlacht auf der unsichern See, wo seine Tapferkeit sich weniger geltend machen kann; – und dort, wohin das launenhafte Weib ihm durchaus folgen wollte, ergreift sie plötzlich die Flucht nebst allen ihren Schiffen, eben im entscheidenden Momente des Kampfes; – und Antonius, »gleich einem brünst'gen Entrich«, mit ausgespannten Segelflügeln, flieht ihr nach und läßt Ehre und Glück im Stich. Aber nicht bloß durch die weiblichen Launen Cleopatras erleidet der unglückselige Held die schmählichste Niederlage; späterhin übt sie gegen ihn sogar den schwärzesten Verrat und läßt, im geheimen Einverständnis mit Octavius, ihre Flotte zum Feinde übergehen... Sie betrügt ihn aufs niederträchtigste, um im Schiffbruche seines Glücks ihre eigenen Güter zu retten oder gar noch einige größere Vorteile zu erfischen... Sie treibt ihn in Verzweiflung und Tod durch Arglist und Lüge... Und dennoch bis zum letzten Augenblicke liebt er sie mit ganzem Herzen; ja, nach jedem Verrat, den sie an ihm übte, entlodert seine Liebe um so flammender. Er flucht freilich über ihre jedesmalige Tücke, er kennt alle ihre Gebrechen, und in den rohesten Schimpfreden entladet sich seine bessere Einsicht, und er sagt ihr die bittersten Wahrheiten:

Eh' ich dich kannte, warst du halb verwelkt!
Ha! ließ ich deshalb ungedrückt in Rom
Mein Kissen; gab darum die Zeugung auf
Rechtmäß'ger Kinder und von einem Kleinod
Der Frauen, um von der getäuscht zu sein,
Die gern sieht, daß sie andre unterhalten?

...

Du warst von jeher eine Heuchlerin.
Doch werden wir in Missetaten hart,
Dann – o des Unglücks! – schließen weise Götter
Die Augen uns; in unsern eigenen Kot
Versenken sie das klare Urteil; machen,
Daß wir anbeten unsern Wahn, und lachen,
Wenn wir hinstolpern ins Verderben.

...

Als kalten Bissen auf
Des toten Cäsars Schüssel fand ich dich;
Du warst ein Überbleibsel schon des Cnejus
Pompejus; andrer heißer Stunden nicht
Zu denken, die, vom allgemeinen Ruf

Nicht aufgezeichnet, du wollüstig dir
Erhaschtest.

Aber wie jener Speer des Achilles, welcher die Wunden, die er schlug, wieder heilen konnte, so kann der Mund des Liebenden mit seinen Küssen auch die tödlichsten Stiche wieder heilen, womit sein scharfes Wort das Gemüt des Geliebten verletzt hat... Und nach jeder Schändlichkeit, welche die alte Nilschlange gegen den römischen Wolf ausübte, und nach jeder Schimpfrede, die dieser darüber losheulte, züngeln sie beide miteinander um so zärtlicher; noch im Sterben drückt er auf ihre Lippen von so vielen Küssen noch den letzten Kuß...

Aber auch sie, die ägyptische Schlange, wie liebt sie ihren römischen Wolf! Ihre Verrätereien sind nur äußerliche Windungen der bösen Wurmnatur, sie übt dergleichen mehr mechanisch aus angeborner oder angewöhnter Unart... aber in der Tiefe ihrer Seele wohnt die unwandelbarste Liebe für Antonius, sie weiß es selbst nicht, daß diese Liebe so stark ist, sie glaubt manchmal diese Liebe überwinden oder gar mit ihr spielen zu können, und sie irrt sich, und dieser Irrtum wird ihr erst recht klar in dem Augenblick, wo sie den geliebten Mann auf immer verliert und ihr Schmerz in die erhabenen Worte ausbricht:

Ich träumt: es gab einst einen Feldherrn Marc
Anton! – O einen zweiten, gleichen Schlaf,
Um noch einmal solch einen Mann zu sehn!

...

Sein Gesicht
War wie des Himmels Antlitz. Drinnen stand
Die Sonn' und auch ein Mond und liefen um,
Und leuchteten der Erde kleinem O.

...

Seine Füße
Beschritten Ozeane; sein empor-
Gestreckter Arm umsauste eine Welt;
Der Harmonie der Sphären glich die Stimme,

Wenn sie den Freunden tönte; wenn er meint'
Den Erdkreis zu bezähmen, zu erschüttern,
Wie Donner rasselnd. Seine Güte kannte
Den Winter nie; sie war ein Herbst, der stets
Durch Ernten reicher ward. Delphinen gleich
War sein Ergötzen, die den Rücken ob
Dem Elemente zeigen, das sie hegt.
Es wandelten in seiner Liverei
Der Königs- und der Fürstenkronen viel.
Und Königreich' und Inseln fielen ihm
Wie Münzen aus der Tasche.

Diese Cleopatra ist ein Weib. Sie liebt und verrät zu gleicher Zeit. Es ist ein Irrtum, zu glauben, daß die Weiber, wenn sie uns verraten, auch aufgehört haben, uns zu lieben. Sie folgen nur ihrer angebornen Natur; und wenn sie auch nicht den verbotenen Kelch leeren wollen, so möchten sie doch manchmal ein bißchen nippen, an dem Rande lecken, um wenigstens zu kosten, wie Gift schmeckt. Nächst Shakespeare, in vorliegender Tragödie, hat dieses Phänomen niemand so gut geschildert wie unser alter Abbé Prévost in seinem Romane »Manon de Lescaut«. Die Intuition des größten Dichters stimmt hier überein mit der nüchternen Beobachtung des kühlsten Prosaikers.

Ja, diese Cleopatra ist ein Weib, in der holdseligsten und vermaledeitesten Bedeutung des Wortes! Sie erinnert mich an jenen Ausspruch Lessings: »Als Gott das Weib schuf, nahm er den Ton zu fein.« Die Überzartheit seines Stoffes verträgt sich nun selten mit den Ansprüchen des Lebens. Dieses Geschöpf ist zu gut und zu schlecht für diese Welt. Die lieblichsten Vorzüge werden hier die Ursache der verdrießlichsten Gebrechen. Mit entzückender Wahrheit schildert Shakespeare schon gleich beim Auftreten der Cleopatra den bunten, flatterhaften Launengeist, der im Kopfe der schönen Königin beständig rumort, nicht selten in den bedenklichsten Fragen und Gelüsten, übersprudelt und vielleicht eben als der letzte Grund von all ihrem Tun und Lassen zu betrachten ist. Nichts ist charakteristischer als die fünfte Szene des ersten Akts, wo sie von ihrer Kammerjungfer verlangt, daß sie ihr Mandragora zu trinken gebe, damit dieser Schlaftrunk ihr die Zeit ausfülle, während Antonius entfernt. Dann plagt sie der Teufel, ihren Kastraten Mardian zu rufen. Er fragt untertänig, was seine Gebieterin begehre. »Singen will ich dich nicht hören«, antwortet sie, »denn nichts gefällt mir jetzt, was Eunuchen eigen ist – aber sage mir: Fühlst du denn Leidenschaft?«

MARDIAN.
 Ja, holde Königin!

CLEOPATRA.
 In Wahrheit?

MARDIAN.
 Nicht in Wahrheit;
 Denn nichts vermag ich, als was in der Wahrheit
 Mit Anstand kann geschehn, und doch empfind
 Ich heft'ge Triebe, denk auch oft an das,
 Was Mars mit Venus tat.

CLEOPATRA.
 O Charmian!
 Wo, glaubst du, ist er jetzt? Steht oder sitzt er?
 Geht er umher? Besteigt er jetzt sein Roß?
 Beglücktes Roß, das seine Last erträgt!
 Sei tapfer, Roß! Denn weißt du, wen du trägst?
 Der Erde halben Atlas! Ihn, den Arm,
 Den Helm der Menschen! Sprechen wird er oder
 Wird murmeln jetzt: »Wo ist nun meine Schlange
 Des alten Nils?« – Denn also nennt er mich.

Soll ich, ohne Furcht vor diffamatorischem Mißlächeln, meinen ganzen Gedanken aussprechen, so muß ich ehrlich bekennen: dieses ordnungslose Fühlen und Denken der Cleopatra, welches eine Folge des ordnungslosen, müßigen und beunruhigten Lebenswandels, erinnert mich an eine gewisse Klasse verschwenderischer Frauen, deren kostspieliger Haushalt von einer außereh'lichen Freigebigkeit bestritten wird und die ihre Titulargatten sehr oft mit Liebe und Treue, nicht *selten* auch mit bloßer Liebe, aber immer mit tollen Launen plagen und beglücken. Und war sie denn im Grunde etwas anders, diese Cleopatra, die wahrlich mit ägyptischen Kroneinkünften nimmermehr ihren unerhörten Luxus bezahlen konnte und von dem Antonius, ihrem römischen

Entreteneur, die erpreßten Schätze ganzer Provinzen als Geschenke empfing und im eigentlichen Sinne des Wortes eine unterhaltene Königin war!

In dem aufgeregten, unsteten, aus lauter Extremen zusammengewürfelten, drückend schwülen Geiste der Cleopatra wetterleuchtet ein sinnlich wilder, schwefelgelber Witz, der uns mehr erschreckt als ergötzt. Plutarch gibt uns einen Begriff von diesem Witze, der sich mehr in Handlungen als in Worten ausspricht, und schon in der Schule lachte ich mit ganzer Seele über den mystifizierten Antonius, der mit seiner königlichen Geliebten auf den Fischfang ausfuhr, aber an seiner Schnur lauter eingesalzene Fische heraufzog; denn die schlaue Ägypterin hatte heimlich eine Menge Taucher bestellt, welche unter dem Wasser an dem Angelhaken des verliebten Römers jedesmal einen eingesalzenen Fisch zu befestigen wußten. Freilich, unser Lehrer machte bei dieser Anekdote ein sehr ernsthaftes Gesicht und tadelte nicht wenig den frevelhaften Übermut, womit die Königin das Leben ihrer Untertanen, jener armen Taucher, aufs Spiel setzte, um den besagten Spaß auszuführen; unser Lehrer war überhaupt kein Freund der Cleopatra, und er machte uns sehr nachdrücklich darauf aufmerksam, wie sich der Antonius durch dieses Weib seine ganze Staatskarriere verdarb, in häusliche Unannehmlichkeiten verwickelte und endlich ins Unglück stürzte.

Ja, mein alter Lehrer hatte recht, es ist äußerst gefährlich, sich mit einer Person, wie die Cleopatra, in ein näheres Verhältnis einzulassen. Ein Held kann dadurch zugrunde gehen, aber auch nur ein Held. Der lieben Mittelmäßigkeit droht hier, wie überall, keine Gefahr.

Wie der Charakter der Cleopatra, so ist auch ihre Stellung eine äußerst witzige. Dieses launische, lustsüchtige, wetterwendische, fieberhaft kokette Weib, diese antike Pariserin, diese Göttin des Lebens gaukelt und herrscht über Ägypten, dem schweigsam starren Totenland... Ihr kennt es wohl, jenes Ägypten, jenes geheimnisvolle Mizraim, jenes enge Niltal, das wie ein Sarg aussieht... Im hohen Schilfe greint das Krokodil oder das ausgesetzte Kind der Offenbarung... Felsentempel mit kolossalen Pfeilern, woran heilige Tierfratzen lehnen, häßlich bunt bemalt... An der Pforte nickt der hieroglyphenmützige Isismönch... In üppigen Villas halten die Mumien ihre Siesta, und die vergoldete Larve schützt sie vor den Fliegenschwärmen der Verwesung... Wie stumme Gedanken stehen dort die schlanken Obelisken und die plumpen Pyramiden... Im

Hintergrund grüßen die Mondberge Äthiopiens, welche die Quellen des Nils verhüllen... Überall Tod, Stein und Geheimnis... Und über dieses Land herrschte als Königin die schöne Cleopatra.

500 Wie witzig ist Gott!

Lavinia

(Titus Anndronicus)

In »Julius Cäsar« sehen wir die letzten Zuckungen des republikanischen Geistes, der dem Aufkommen der Monarchie vergebens entgegenkämpft; die Republik hat sich überlebt, und Brutus und Cassius können nur den Mann ermorden, der zuerst nach der königlichen Krone greift, keineswegs aber vermögen sie das Königtum zu töten, das in den Bedürfnissen der Zeit schon tief wurzelt. In »Antonius und Cleopatra« sehen wir, wie, statt des einen gefallenen Cäsars, drei andre Cäsaren nach der Weltherrschaft die kühnen Hände strecken; die Prinzipienfrage ist gelöst, und der Kampf, der zwischen diesen Triumviren ausbricht, ist nur eine Personenfrage: wer soll Imperator sein, Herr über alle Menschen und Lande? Die Tragödie, betitelt »Titus Andronicus«, zeigt uns, daß auch diese unbeschränkte Alleinherrschaft im römischen Reiche dem Gesetze aller irdischen Erscheinungen folgen, nämlich in Verwesung übergehen mußte, und nichts gewährt einen so widerwärtigen Anblick wie jene spätern Cäsaren, die dem Wahnsinn und dem Verbrechen der Neronen und Caligulen noch die windigste Schwächlichkeit hinzufügten. Diesen, den Neronen und Caligulen, schwindelte auf der Höhe ihrer Allmacht; sich erhaben dünkend über alle Menschlichkeit, wurden sie Unmenschen; sich selber für Götter haltend, wurden sie gottlos; ob ihrer Ungeheuerlichkeit aber können wir vor Erstaunen sie kaum mehr nach vernünftigen Maßstaben beurteilen. Die späteren Cäsaren hingegen sind weit mehr Gegenstände unseres Mitleids, unseres Unwillens, unseres Ekels; es fehlt ihnen die heidnische Selbstvergötterung, der Rausch ihrer alleinigen Majestät, ihrer schauerlichen Unverantwortlichkeit... Sie sind christlich zerknirscht, und der schwarze Beichtiger hat ihnen ins Gewissen geredet, und sie ahnen jetzt, daß sie nur armselige Würmer sind, daß sie von der Gnade einer höhern Gottheit abhängen und daß sie einst für ihre irdischen Sünden in der Hölle gesotten und gebraten werden.

Obgleich in »Titus Andronicus« noch das äußere Gepränge des Heidentums waltet, so offenbart sich doch in diesem Stück schon der Charakter der spätern christlichen Zeit, und die moralische Verkehrtheit in allen sittlichen und bürgerlichen Dingen ist schon ganz byzantinisch. Dieses Stück gehört sicher zu Shakespeares frühesten Erzeugnissen, obgleich manche Kritiker ihm die Autorschaft streitig machen; es herrscht darin eine Unbarmherzigkeit, eine schneidende Vorliebe für das Häßliche, ein titanisches Hadern mit den göttlichen Mächten, wie wir dergleichen in den Erstlingswerken der größten Dichter zu finden pflegen. Der Held, im Gegensatz zu seiner ganzen demoralisierten Umgebung, ist ein echter Römer, ein Überbleibsel aus der alten starren Periode. Ob dergleichen Menschen damals noch existierten? Es ist möglich; denn die Natur liebt es, von allen Kreaturen, deren Gattung untergeht oder sich transformiert, noch irgendein Exemplar aufzubewahren, und sei es auch als Versteinerung, wie wir dergleichen auf Bergeshöhen zu finden pflegen. Titus Andronicus ist ein solcher versteinerter Römer, und seine fossile Tugend ist eine wahre Kuriosität zur Zeit der spätesten Cäsaren.

Die Schändung und Verstümmelung seiner Tochter Lavinia gehört zu den entsetzlichsten Szenen, die sich bei irgendeinem Autor finden. Die Geschichte der Philomele in den »Verwandlungen« des Ovidius ist lange nicht so schauderhaft; denn der unglücklichen Römerin werden sogar die Hände abgehackt, damit sie nicht die Urheber des grausamsten Bubenstücks verraten könne. Wie der Vater durch seine starre Männlichkeit, so mahnt die Tochter durch ihre hohe Weibeswürde an die sittlichere Vergangenheit; sie scheut nicht den Tod, sondern die Entehrung, und rührend sind die keuschen Worte, womit sie ihre Feindin, die Kaiserin Tamora, um Schonung anfleht, wenn die Söhne derselben ihren Leib beflecken wollen.

> Nur schnellen Tod erfleh ich! – und noch eins,
> Was Weiblichkeit zu nennen mir verweigert:
> Entzieh mich ihrer Wollust, schrecklicher
> Als Mord für mich, und wälze meine Leiche
> In eine garst'ge Grube, wo kein Auge
> Des Mannes jemals meinen Körper sieht.
> Oh, dies erfüll und sei erbarmensvoll
> Als Mörderin!

In dieser jungfräulichen Reinheit bildet Lavinia den vollendeten Gegensatz zu der erwähnten Kaiserin Tamora; hier, wie in den meisten seiner Dramen, stellt Shakespeare zwei ganz gemütsverschiedene weibliche Gestalten nebeneinander und veranschaulicht uns ihren Charakter durch den Kontrast. Dieses sahen wir schon im »Antonius und Cleopatra«, wo neben der weißen, kalten, sittlichen, erzprosaischen und häuslichen Octavia unsere gelbe, ungezügelte, eitle und inbrünstige Ägypterin desto plastischer hervortritt.

Aber auch jene Tamora ist eine schöne Figur, und es dünkt mir eine Ungerechtigkeit, daß der englische Grabstichel in gegenwärtiger Galerie Shakespearescher Frauen ihr Bildnis nicht eingezeichnet hat. Sie ist ein schönes, majestätisches Weib, eine bezaubernd imperatorische Gestalt, auf der Stirne das Zeichen der gefallenen Göttlichkeit, in den Augen eine weltverzehrende Wollust, prachtvoll lasterhaft, lechzend nach rotem Blut. Weitblickend milde, wie unser Dichter sich immer zeigt, hat er schon in der ersten Szene, wo Tamora erscheint, alle die Greul, die sie später gegen Titus Andronicus ausübt, im voraus justifiziert. Denn dieser starre Römer, ungerührt von ihren schmerzlichsten Mutterbitten, läßt ihren geliebten Sohn gleichsam vor ihren Augen hinrichten; sobald sie nun, in der werbenden Gunst des jungen Kaisers, die Hoffnungsstrahlen einer künftigen Rache erblickt, entringeln sich ihren Lippen die jauchzend finstern Worte:

> Ich will es ihnen zeigen, was es heißt,
> Wenn eine Königin auf den Straßen kniet
> Und Gnad' umsonst erfleht.

Wie ihre Grausamkeit entschuldigt wird durch das erduldete Übermaß von Qualen, so erscheint die metzenhafte Lüderlichkeit, womit sie sich sogar einem scheußlichen Mohren hingibt, gewissermaßen veredelt durch die romantische Poesie, die sich darin ausspricht. Ja, zu den schauerlich süßesten Zaubergemälden der romantischen Poesie gehört jene Szene, wo während der Jagd die Kaiserin Tamora ihr Gefolge verlassen hat und ganz allein im Walde mit dem geliebten Mohren zusammentrifft.

> Warum so traurig, holder Aaron?
> Da doch umher so heiter alles scheint.
> Die Vögel singen überall im Busch,
> Die Schlange liegt im Sonnenstrahl gerollt,
> Das grüne Laub bebt von dem kühlen Hauch
> Und bildet bunte Schatten auf dem Boden.
> Im süßen Schatten, Aaron, laß uns sitzen,
> Indes die Echo schwatzhaft Hunde äfft
> Und widerhallt der Hörner hellen Klang,
> Als sei die Jagd verdoppelt; – laß uns sitzen
> Und horchen auf das gellende Getöse.
> Nach solchem Zweikampf, wie der War, den Dido –
> Erzählt man – mit Äneas einst genoß,
> Als glücklich sie ein Sturmwind überfiel
> Und die verschwiegne Grotte sie verbarg,
> Laß uns verschlungen beide, Arm in Arm,
> Wenn wir die Lust genossen, goldnem Schlaf

Uns überlassen; während Hund und Horn
Und Vögel mit der süßen Melodie
Uns das sind, was der Amme Lied ist, die
Damit das Kindlein lullt und wiegt zum Schlaf.

Während aber Wollustgluten aus den Augen der schönen Kaiserin hervorlodern und über die schwarze Gestalt des Mohren wie lockende Lichter, wie züngelnde Flammen ihr Spiel treiben, denkt dieser an weit wichtigere Dinge, an die Ausführung der schändlichsten Intrigen, und seine Antwort bildet den schroffsten Gegensatz zu der brünstigen Anrede Tamoras.

Constanze

(König Johann)

Es war am 29. August des Jahrs 1827 nach Christi Geburt, als ich im Theater zu Berlin, bei der ersten Vorstellung einer neuen Tragödie von Herrn E. Raupach, allmählich einschlief.

Für das gebildete Publikum, das nicht ins Theater geht und nur die eigentliche Literatur kennt, muß ich hier bemerken, daß benannter Herr Raupach ein sehr nützlicher Mann ist, ein Tragödien- und Komödienlieferant, welcher die Berliner Bühne jeden Monat mit einem neuen Meisterwerk versieht. Die Berliner Bühne ist eine vortreffliche Anstalt und besonders nützlich für Hegelsche Philosophen, welche des Abends von dem harten Tagwerk des Denkens ausruhen wollen. Der Geist erholt sich dort noch weit natürlicher als bei Wisotzki. Man geht ins Theater, streckt sich nachlässig hin auf die samtnen Bänke, lorgniert die Augen seiner Nachbarinnen oder die Beine der eben auftretenden Mimin, und wenn die Kerls von Komödianten nicht gar zu laut schreien, schläft man ruhig ein, wie ich es wirklich getan, am 29. August des Jahres 1827 nach Christi Geburt.

Als ich erwachte, war alles dunkel rund um mich her, und bei dem Scheine einer mattflimmernden Lampe erkannte ich, daß ich mich ganz allein im leeren Schauspielhause befand. Ich beschloß, den übrigen Teil der Nacht dort zu verbringen, suchte wieder gelinde einzuschlafen, welches mir aber nicht mehr so gut gelang wie einige Stunden vorher, als der Mohnduft der Raupachschen Verse mir in die Nase stieg; auch störte mich allzusehr das Knispern und Gepiepse der Mäuse. Unfern vom Orchester raschelte eine ganze Mäusekolonie, und da ich nicht bloß Raupachsche Verse, sondern auch die Sprache aller übrigen Tiere verstehe, so erlauschte ich ganz unwillkürlich die Gespräche jener Mäuse. Sie sprachen über Gegenstände, die ein denkendes Geschöpf am meisten interessieren müssen: über die letzten Gründe aller Erscheinungen, über das Wesen der Dinge an und für sich, über Schicksal und Freiheit des Willens, über die große Raupachsche Tragödie, die sich kurz vorher mit allen möglichen Schrecknissen vor ihren eignen Augen entfaltet, entwickelt und geendigt hatte.

»Ihr jungen Leute«, sprach langsam ein alter Mauserich, »ihr habt nur ein einziges Stück oder nur wenige solcher Stücke gesehen, ich aber bin ein Greis und habe deren schon sehr viele erlebt und sie alle mit Aufmerksamkeit betrachtet. Da habe ich nun gefunden, daß sie sich im Wesen alle ähnlich, daß sie fast nur Variationen desselben Themas sind, daß manchmal ganz dieselben Expositionen, Verwicklungen und Katastrophen vorkommen. Es sind immer dieselben Menschen und dieselben Leidenschaften, welche nur Kostüme und Redefiguren wechseln. Da sind immer dieselben Beweggründe des Handelns, Liebe oder Haß oder Ehrgeiz oder Eifersucht, der Held mag nun eine römische Toga oder einen altdeutschen Harnisch, einen Turban oder einen Filz tragen, sich antik oder romantisch gebärden, einfach oder geblümt, in schlechten Jamben oder in noch schlechtern Trochäen sprechen.

Die ganze Geschichte der Menschheit, die man gern in verschiedene Stücke, Akte und Auftritte einteilen möchte, ist doch immer eine und dieselbe Geschichte; es ist eine nur maskierte Wiederkehr derselben Naturen und Ereignisse, ein organischer Kreislauf, der immer von vorne wieder anfängt; und wenn man das einmal gemerkt hat, so ärgert man sich nicht mehr über das Böse, man freut sich auch nicht mehr allzu stark über das Gute, man lächelt über die Narrheit jener Heroen, die sich aufopfern für die Veredlung und Beglückung des Menschengeschlechts; man amüsiert sich mit weiser Gelassenheit.«

Ein kicherndes Stimmchen, welches einem kleinen Spitzmäuschen zu gehören schien, bemerkte dagegen mit großer Hast: »Auch ich habe Beobachtungen angestellt, und nicht bloß von einem einzigen Standpunkte aus, ich habe mir keine springende Mühe verdrießen lassen, ich verließ das Parterre und betrachtete mir die Dinge hinter den Kulissen, und da habe ich gar befremdliche Entdeckungen gemacht. Dieser Held, den ihr eben bewundert, der ist gar kein Held; denn ich sah, wie ein junger Bursch ihn einen besoffenen Schlingel nannte und ihm diverse Fußtritte gab, die er ruhig einsteckte. Jene tugendhafte Prinzessin, die sich für ihre Tugend aufzuopfern schien, ist weder eine Prinzessin noch tugendhaft; ich habe gesehen, wie sie aus einem Porzellantöpfchen rote Farbe genommen, ihre Wangen damit angestrichen, und dieses galt nachher für Schamröte; am Ende sogar warf sie sich gähnend in die Arme eines Gardeleutnants, der ihr auf Ehre versicherte, daß sie auf seiner Stube einen juten Heringssalat nebst einem Glase Punsch finden würde. Was ihr für Donner und Blitz gehalten habt, das ist nur das Rollen einiger Blechwalzen und das Verbrennen einiger Lot gestoßenen Kolophoniums. Aber gar jener dicke ehrliche Bürger, der lauter Uneigennützigkeit und Großmut zu sein schien, der zankte sich sehr geldgierig mit einem dünnen Menschen, den er Herr Generalintendant titulierte und von dem er einige Taler Zulage verlangte. Ja, ich habe alles mit eigenen Augen gesehen und mit eigenen Ohren gehört; all das Große und Edle, das uns hier voragiert wurde, ist Lug und Trug; Eigennutz und Selbstsucht sind die geheimen Triebfedern aller Handlungen, und ein vernünftiges Wesen läßt sich nicht täuschen durch den Schein.«

Hiergegen aber erhob sich eine seufzende, weinerliche Stimme, die mir schier bekannt dünkte, obgleich ich dennoch nicht wußte, ob sie einer männlichen oder weiblichen Maus gehörte. Sie begann mit einer

Klage über die Frivolität des Zeitalters, jammerte über Unglauben und Zweifelsucht und beteuerte viel von ihrer Liebe im allgemeinen. »Ich liebe euch«, seufzte sie, »und ich sage euch die Wahrheit. Die Wahrheit aber offenbarte sich mir durch die Gnade in einer geweiheten Stunde. Ich schlich ebenfalls umher, die letzten Gründe der bunten Begebenheiten, die auf dieser Bühne vorüberzogen, zu enträtseln und zu gleicher Zeit auch wohl ein Brotkrümchen zu finden, um meinen leiblichen Hunger zu stillen; denn ich liebe euch. Da entdeckte ich plötzlich ein ziemlich geräumiges Loch oder vielmehr einen Kasten, worin zusammengekauert ein dünnes, graues Männchen saß, welches eine Rolle Papier in der Hand hielt und mit monotoner, leiser Stimme alle die Reden ruhig vor sich hin sprach, welche oben auf der Bühne so laut und leidenschaftlich deklamiert wurden. Ein mystischer Schauer zog über mein Fell, trotz meiner Unwürdigkeit war ich doch begnadigt worden, das Allerheiligste zu erschauen, ich befand mich in der seligen Nähe des geheimnisvollen Urwesens, des reinen Geistes, welcher mit seinem Willen die Körperwelt regiert, mit seinem Wort sie schafft, mit dem Worte sie belebt, mit dem Worte sie vernichtet; denn die Helden auf der Bühne, die ich noch kurz vorher so stark bewundert, ich sah, daß sie nur dann mit Sicherheit redeten, wenn sie sein Wort ganz gläubig nachsprachen, daß sie hingegen ängstlich stammelten und stotterten, wenn sie sich stolz von ihm entfernt und seine Stimme nicht vernommen hatten: alles, sah ich, war nur abhängige Kreatur von ihm, er war der Alleinselbständige in seinem allerheiligsten Kasten. An jeder Seite seines Kastens erglühten die geheimnisvollen Lampen, erklangen die Violinen und tönten die Flöten, um ihn her war Licht und Musik, er schwamm in harmonischen Strahlen und strahlenden Harmonien...«

Doch diese Rede ward am Ende so näselnd und weinerlich wispernd, daß ich wenig mehr davon verstehen konnte, nur mitunter hörte ich die Worte: »Hüte mich vor Katzen und Mausefallen – gib mir mein täglich Brosämchen – ich liebe euch – in Ewigkeit, Amen.« –

Durch Mitteilung dieses Traums möchte ich meine Ansicht über die verschiedenen philosophischen Standpunkte, von wo aus man die Weltgeschichte zu beurteilen pflegt, meine Gedanken verraten, zugleich andeutend, warum ich diese leichten Blätter mit keiner eigentlichen Philosophie der englischen Geschichte befrachte.

Ich will ja überhaupt die dramatischen Gedichte, worin Shakespeare die großen Begebenheiten der englischen Historie verherrlicht hat, nicht dogmatisch erläutern, sondern nur die Bildnisse der Frauen, die aus jenen Dichtungen hervorblühen, mit einigen Wortarabesken verzieren. Da in diesen englischen Geschichtsdramen die Frauen nichts weniger als die Hauptrolle spielen und der Dichter sie nie auftreten läßt, um, wie in andern Stücken, weibliche Gestalten und Charaktere zu schildern, sondern vielmehr, weil die darzustellende Historie ihre Einmischung erforderte, so werde ich auch desto kärglicher von ihnen reden.

Constanze beginnt den Reihen, und zwar mit schmerzlichen Gebärden. Wie die Mater dolorosa trägt sie ihr Kind auf dem Arme... Das arme Kind, durch welches alles gebüßt wird, was die Seinigen verschuldet.

Auf der Berliner Bühne sah ich einst diese trauernde Königin ganz vortrefflich dargestellt von der ehemaligen Madame Stich. Minder brillant war die gute Maria Luise, welche zur Zeit der Invasion auf dem französischen Hoftheater die Königin Constanze spielte. Indessen kläglich über alle Maßen zeigte sich in dieser Rolle eine gewisse Madame Caroline, welche sich vor einigen Jahren in der Provinz, besonders in der Vendée, herumtrieb; es fehlte ihr nicht an Talent und Passion, aber sie hatte einen zu dicken Bauch, was einer Schauspielerin immer schadet, wenn sie heroische Königswitwen tragieren soll. –

Lady Percy

(Heinrich IV.)

Ich träumte mir ihr Gesicht und überhaupt ihre Gestalt minder vollfleischig, als sie hier konterfeit ist. Vielleicht aber kontrastieren die scharfen Züge und die schlanke Taille, die man in ihren Worten wahr nimmt und welche ihre geistige Physiognomie offenbaren, desto interessanter mit ihrer wohlgeründeten äußern Bildung. Sie ist heiter, herzlich und gesund an Leib und Seele. Prinz Heinrich möchte uns gern diese liebliche Gestalt verleiden und parodiert sie und ihren Percy:

> Ich bin noch nicht in Percys Stimmung, dem Heißsporn des Nordens, der euch sechs bis sieben Dutzend Schotten zum Frühstück umbringt, sich die Hände wäscht und zu seiner Frau sagt: »Pfui, über dies stille Leben! Ich muß zu tun haben.« – »O mein Herzens-Heinrich«, sagt sie, »wie viele hast du heute umgebracht?« – »Gebt meinem Schecken zu saufen«, und eine Stunde drauf antwortet er: »Ein Stücker vierzehn; Bagatell! Bagatell!«

Wie kurz, so entzückend ist die Szene, wo wir den wirklichen Haushalt des Percy und seiner Frau sehen, wo diese den brausenden Helden mit den kecksten Liebesworten zügelt:

Komm, komm, du Papagei! Antworte mir
Geradezu auf das, was ich dich frage.
Ich breche dir den kleinen Finger, Heinrich,
Willst du mir nicht die ganze Wahrheit sagen.

PERCY.
    Fort! Fort!
    Du Tändlerin! – Lieben? – Ich lieb dich nicht,
    Ich frage nicht nach dir. Ist dies 'ne Welt
    Zum Puppenspielen und mit Lippen fechten?
    Nein, jetzo muß es blut'ge Nasen geben,
    Zerbrochne Kronen, die wir doch im Handel
    Für voll anbringen. – Alle Welt, mein Pferd!
    Was sagst du, Käthchen? Wolltest du mir was?

LADY PERCY.
    Ihr liebt mich nicht? Ihr liebt mich wirklich nicht?
    Gut, laßt es nur; denn, weil Ihr mich nicht liebt,
    Lieb ich mich selbst nicht mehr. Ihr liebt mich nicht?
    Nein, sagt mir, ob das Scherz ist oder Ernst?

PERCY.
    Komm, willst mich reiten sehn?

Wenn ich zu Pferde bin, so will ich schwören,
Ich liebe dich unendlich. Doch höre, Käthchen:
Du mußt mich ferner nicht mit Fragen quälen,
Wohin ich geh, noch raten, was es soll.
Wohin ich muß, muß ich: und kurz zu sein,
Heut abend muß ich von dir, liebes Käthchen.
Ich kenne dich als weise, doch nicht weiser
Als Heinrich Percys Frau; standhaft bist du,
Jedoch ein Weib, und an Verschwiegenheit
Ist keine besser: denn ich glaube sicher,
Du wirst nicht sagen, was du selbst nicht weißt,
Und so weit, liebes Käthchen, trau ich dir.   510

Prinzessin Katharina

(Heinrich V.)

Hat Shakespeare wirklich die Szene geschrieben, wo die Prinzessin Katharina Unterricht in der englischen Sprache nimmt, und sind überhaupt von ihm alle jene französischen Redensarten, womit sie John Bull ergötzt? Ich zweifle. Unser Dichter hätte dieselben komischen Effekte mittelst eines englischen Jargons hervorbringen können, um so mehr, da die englische Sprache die Eigenschaft besitzt, daß sie, ohne von den Regeln der Grammatik abzuweichen, durch bloße Anwendung romanischer Worte und Konstruktionen eine gewisse französische Geistesrichtung hervortreten lassen kann. In ähnlicher Weise könnte ein englischer Schauspieldichter eine gewisse germanische Sinnesart andeuten, wenn er sich nur altsächsischer Ausdrücke und Wendungen bedienen wollte. Denn die englische Sprache besteht aus zwei heterogenen Elementen, dem romanischen und dem germanischen Element, die, nur zusammengedrückt, nicht zu einem organischen Ganzen vermischt sind; und sie fallen leicht auseinander, und alsdann weiß man doch nicht genau zu bestimmen, auf welcher Seite sich das legitime Englisch befindet. Man vergleiche nur die Sprache des Doktor Johnson oder Addisons mit der Sprache Byrons oder Cobbetts. Shakespeare hätte wahrlich nicht nötig gehabt, die Prinzessin Katharina französisch sprechen zu lassen.

Dieses führt mich zu einer Bemerkung, die ich schon an einem andern Orte aussprach. Es ist nämlich ein Mangel in den geschichtlichen Dramen von Shakespeare, daß er den normannisch-französischen Geist des hohen Adels nicht mit dem sächsisch-britischen Geist des Volks durch eigentümlichere Sprachformen kontrastieren läßt. Walter Scott tat dieses in seinen Romanen und erreichte dadurch seine farbigsten Effekte. –

Der Künstler, der uns zu dieser Galerie das Konterfei der französischen Prinzessin geliefert, hat ihr, wahrscheinlich aus englischer Malice, weniger schöne als drollige Züge geliehen. Sie hat hier ein wahres Vogelgesicht, und die Augen sehen aus wie geborgt. Sind es etwa Papageienfedern, die sie auf dem Haupte trägt, und soll damit ihre nachplappernde Gelehrigkeit angedeutet werden? Sie hat kleine, weiße, neugierige Hände. Eitel Putzliebe und Gefallsucht ist ihr ganzes Wesen, und sie weiß mit dem Fächer allerliebst zu spielen. Ich wette, ihre Füßchen kokettieren mit dem Boden, worauf sie wandeln.

Johanna d'Arc

(Heinrich VI. Erster Teil)

Heil dir, großer deutscher Schiller, der du das hohe Standbild wieder glorreich gesäubert hast von dem schmutzigen Witze Voltaires und den schwarzen Flecken, die ihm sogar Shakespeare angedichtet... Ja, war es britischer Nationalhaß oder mittelalterlicher Aberglaube, was seinen Geist umnebelte, unser Dichter hat das heldenmütige Mädchen als eine Hexe dargestellt, die mit den dunkeln Mächten der Hölle verbündet ist. Er läßt die Dämonen der Unterwelt von ihr beschwören, und gerechtfertigt wird durch solche Annahme ihre grausame Hinrichtung. – Ein tiefer Unmut erfaßt mich jedesmal, wenn ich zu Rouen über den kleinen Marktplatz wandle, wo man die Jungfrau verbrannte und eine schlechte Statue diese schlechte Tat verewigt. Qualvoll töten! das war also schon damals eure Handlungsweise gegen überwundene Feinde! Nächst dem Felsen von St. Helena gibt der erwähnte Marktplatz von Rouen das empörendste Zeugnis von der Großmut der Engländer.

Ja, auch Shakespeare hat sich an der Pucelle versündigt, und wo nicht mit entschiedener Feindschaft, behandelt er sie doch unfreundlich und lieblos, die edle Jungfrau, die ihr Vaterland befreite! Und hätte sie es auch mit der Hülfe der Hölle getan, sie verdiente dennoch Ehrfurcht und Bewunderung!

Oder haben die Kritiker recht, welche dem Stücke, worin die Pucelle auftritt, wie auch dem zweiten und dritten Teile »Heinrichs VI.«, die Autorschaft des großen Dichters absprechen? Sie behaupten, diese Trilogie gehöre zu den ältere Dramen, die er nur bearbeitet habe. Ich möchte gern, der Jungfrau von Orleans wegen, einer solchen Annahme beipflichten. Aber die vorgebrachten Argumente sind nicht haltbar. Diese bestrittenen Dramen tragen in manchen Stellen allzusehr das Vollgepräge des Shakespeareschen Geistes.

Margareta

(König Heinrich VI. Erster Teil)

Hier sehen wir die schöne Tochter des Grafen Reignier noch als Mädchen. Suffolk tritt auf und führt sie vor als Gefangene, doch ehe er sich dessen versieht, hat sie ihn selber gefesselt. Er mahnt uns ganz an den Rekruten, der, von einem Wachtposten aus, seinem Hauptmann entgegenschrie: »Ich habe einen Gefangenen gemacht.« – »So bringt ihn zu mir her«, antwortete der Hauptmann. »Ich kann nicht«, erwiderte der arme Rekrut, »denn mein Gefangener läßt mich nicht mehr los.«

Suffolk spricht:

Sei nicht beleidigt, Wunder der Natur!
Von mir gefangen werden ist dein Los.
So schützt der Schwan die flaumbedeckten Schwänlein,
Mit seinen Flügeln sie gefangenhaltend;
Allein, sobald dich kränkt die Sklaverei,
So geh und sei als Suffolks Freundin frei.

Sie wendet sich weg, als wollte sie gehn.

O bleib! Mir fehlt die Kraft, sie zu entlassen,
Befrein will sie die Hand, das Herz sagt nein.
Wie auf kristallnem Strom die Sonne spielt
Und blinkt mit zweitem nachgeahmten Strahl,
So scheint die lichte Schönheit meinen Augen;
Ich würbe gern, doch wag ich nicht zu reden;
Ich fodre Tint' und Feder, ihr zu schreiben.
Pfui, de la Poole! entherze dich nicht selbst.
Hast keine Zung'? ist sie nicht dort?
Verzagst du vor dem Anblick eines Weibs?
Ach ja! der Schönheit hohe Majestät
Verwirrt die Zung' und macht die Sinne wüst.

MARGARETA.
Sag, Graf von Suffolk (wenn du so dich nennst),
Was gilt's zur Lösung, eh' du mich entlässest?
Denn wie ich seh, bin ich bei dir Gefangne.

SUFFOLK *beiseit'.*
Wie weißt du, ob sie deine Bitte weigert,
Eh' du um ihre Liebe dich versucht?

MARGARETA.
Du sprichst nicht: was für Lösung muß ich zahlen?

SUFFOLK *beiseit'.*
Ja, sie ist schön, drum muß man um sie werben;
Sie ist ein Weib, drum kann man sie gewinnen.

Er findet endlich das beste Mittel, die Gefangene zu behalten, indem er sie seinem Könige anvermählt und zugleich ihr öffentlicher Untertan und ihr heimlicher Liebhaber wird.

Ist dieses Verhältnis zwischen Margareten und Suffolk in der Geschichte begründet? Ich weiß nicht. Aber Shakespeares divinatorisches Auge sieht oft Dinge, wovon die Chronik nichts meldet und die dennoch wahr sind. Er kennt sogar jene flüchtigen Träume der Vergangenheit, die Klio aufzuzeichnen vergaß. Bleiben vielleicht auf dem Schauplatz der Begebenheiten allerlei bunte Abbilder derselben zurück, die nicht wie gewöhnliche Schatten mit den wirklichen Erscheinungen verschwinden, sondern gespenstisch haftenbleiben am Boden, unbemerkt von den gewöhnlichen Werkeltagsmenschen, die ahnungslos darüber hin ihre Geschäfte treiben, aber manchmal ganz farben- und formenbestimmt sichtbar werdend, für das sehende Auge jener Sonntagskinder, die wir Dichter nennen?

Königin Margareta

(Heinrich VI. Zweiter und Dritter Teil)

In diesem Bildnis sehen wir dieselbe Margareta als Königin, als Gemahlin des sechsten Heinrichs. Die Knospe hat sich entfaltet, sie ist jetzt eine vollblühende Rose; aber ein widerlicher Wurm liegt darin verborgen. Sie ist ein hartes, frevelhaftes Weib geworden. Beispiellos grausam in der wirklichen wie in der gedichteten Welt ist die Szene, wo sie dem weinenden York das gräßliche, in dem Blute seines Sohnes getauchte Tuch überreicht und ihn verhöhnt, daß er seine Tränen damit trocknen möge. Entsetzlich sind ihre Worte:

> Sieh, York! dies Tuch befleckt ich mit dem Blut,
> Das mit geschärftem Stahl der tapfre Clifford
> Hervor ließ strömen aus des Knaben Busen;
> Und kann dein Aug' um seinen Tod sich feuchten,
> So geb ich dir's, die Wangen abzutrocknen.
> Ach, armer York! haßt' ich nicht tödlich dich,
> So würd ich deinen Jammerstand beklagen.
> So gräm dich doch, mich zu belust'gen, York!
> Wie? dörrte so das feur'ge Herz dein Innres,
> Daß keine Träne fällt um Rutlands Tod?
> Warum geduldig, Mann? Du solltest rasen;
> Ich höhne dich, um rasend dich zu machen.
> Stampf, tob und knirsch, damit ich sing und tanze!

Hätte der Künstler, welcher die schöne Margareta für diese Galerie zeichnete, ihr Bildnis mit noch weiter geöffneten Lippen dargestellt, so würden wir bemerken, daß sie spitzige Zähne hat, wie ein Raubtier.

In einem folgenden Drama, in »Richard III.«, erscheint sie auch physisch scheußlich, denn die Zeit hat ihr alsdann die spitzigen Zähne ausgebrochen, sie kann nicht mehr beißen, sondern nur noch fluchen, und als ein gespenstisch altes Weib wandelt sie durch die Königsgemächer, und das zahnlose böse Maul murmelt Unheilreden und Verwünschungen.

Durch ihre Liebe für Suffolk, den wilden Suffolk, weiß uns Shakespeare sogar für dieses Unweib einige Rührung abzugewinnen. Wie verbrecherisch auch diese Liebe ist, so dürfen wir derselben dennoch weder Wahrheit noch Innigkeit absprechen. Wie entzückend schön ist das Abschiedsgespräch der beiden Liebenden! Welche Zärtlichkeit in den Worten Margaretens:

> Ach! rede nicht mit mir! gleich eile fort! –
> Oh, geh noch nicht! So herzen sich und küssen
> Verdammte Freund' und scheiden tausendmal,
> Vor Trennung hundertmal so bang als Tod.
> Doch nun fahr wohl! fahr wohl mit dir mein Leben!

Hierauf antwortet Suffolk:

> Mich kümmert nicht das Land, wärst du von hinnen;
> Volkreich genug ist eine Wüstenei,
> Hat Suffolk deine himmlische Gesellschaft:
> Denn wo du bist, da ist die Welt ja selbst
> Mit all und jeden Freuden in der Welt;
> Und wo du nicht bist, Öde nur und Trauer.

Wenn späterhin Margareta, das blutige Haupt des Geliebten in der Hand tragend, ihre wildeste Verzweiflung ausjammert, mahnt sie uns an die furchtbare Kriemhilde des »Nibelungenlieds«. Welche gepanzerte Schmerzen, woran alle Trostworte ohnmächtig abgleiten!

Ich habe bereits im Eingange angedeutet, daß ich in Beziehung auf Shakespeares Dramen aus der englischen Geschichte mich aller historischen und philosophischen Betrachtungen enthalten werde. Das Thema jener Dramen ist noch immer nicht ganz abgehandelt, solange der Kampf der modernen Industriebedürfnisse mit den Resten des mittelalterlichen Feudalwesens unter allerlei Transformationen fortdauert. Hier ist es nicht so leicht wie bei den römischen Dramen, ein entschiedenes Urteil auszusprechen, und jede starke Freimütigkeit könnte einer mißlichen Aufnahme begegnen. Nur eine Bemerkung kann ich hier nicht zurückweisen.

Es ist mir nämlich unbegreiflich, wie einige deutsche Kommentatoren ganz bestimmt für die Engländer Partei nehmen, wenn sie von jenen französischen Kriegen reden, die in den historischen Dramen des Shakespeares dargestellt werden. Wahrlich, in jenen Kriegen war weder das Recht noch die Poesie auf Seiten der Engländer, die einesteils unter nichtigen Sukzessionsvorwänden die roheste Plünderungslust verbargen, anderenteils nur im Solde gemeiner Krämerinteresse sich herumschlugen... ganz wie zu unserer eignen Zeit, nur daß es sich im neunzehnten Jahrhundert mehr um Kaffee und Zucker, hingegen im vierzehnten und fünfzehnten Jahrhundert mehr um Schafswolle handelte.

Michelet in seiner französischen Geschichte, dem genialen Buche, bemerkt ganz richtig:

»Das Geheimnis der Schlachten von Crécy, von Poitiers usw. befindet sich im Comptoir der Kaufleute von London, von Bordeaux, von Bruges. - - - - Wolle und Fleisch begründeten das ursprüngliche England und die englische Rasse. Bevor England für die ganze Welt eine große Baumwollspinnerei und Eisenmanufaktur wurde, war es eine Fleischfabrik. Von jeher trieb dieses Volk vorzugsweise Viehzucht und nährte sich von Fleischspeisen. Daher diese Frische des Teints, diese Kraft, diese (kurznasige und hinterkopflose) Schönheit. – Man erlaube mir bei dieser Gelegenheit eines persönlichen Eindrucks zu erwähnen:

Ich hatte London und einen großen Teil Englands und Schottlands gesehen; ich hatte mehr angestaunt als begriffen. Erst auf meiner Rückreise, als ich von York nach Manchester ging, die Insel in ihrer Breite durchschneidend, empfing ich eine wahrhafte Anschauung Englands. Es war eines Morgens, bei feuchtem Nebel; das Land erschien mir nicht bloß umgeben, sondern überschwemmt vom Ozean. Eine bleiche Sonne färbte kaum die Hälfte der Landschaft. Die neuen ziegelroten Häuser hätten allzu schroff gegen die saftig grünen Rasen abgestochen, wären diese schreienden Farben nicht von den flatternden Seenebeln gedämpft worden. Fette Weidenplätze, bedeckt mit Schafen und überragt von den flammenden Schornsteinen der Fabriköfen. Viehzucht, Ackerbau, Industrie, alles war in diesem kleinen Raume zusammengedrängt, eins über das andre, eins das andre ernährend; das Gras lebte vom Nebel, das Schaf vom Grase, der Mensch von Blut.

Der Mensch, in diesem verzehrenden Klima, wo er immer von Hunger geplagt ist, kann nur durch Arbeit sein Leben fristen. Die Natur zwingt ihn dazu. Aber er weiß sich an ihr zu rächen; er läßt sie selber arbeiten; er unterjocht sie durch Eisen und Feuer. Ganz England keucht von diesem Kampfe. Der Mensch ist dort wie erzürnt, wie außer sich. Seht dieses rote Gesicht, dieses irrglänzende Auge... Man könnte leicht glauben, er sei trunken. Aber sein Kopf und seine Hand sind fest und sicher. Er ist nur trunken von Blut und Kraft. Er behandelt sich selbst wie eine Dampfmaschine, welche er bis zum Übermaß mit Nahrung vollstopft, um soviel Tätigkeit und Schnelligkeit als nur irgend möglich daraus zu gewinnen.

Im Mittelalter war der Engländer ungefähr, was er jetzt ist: zu stark genährt, angetrieben zum Handeln und kriegerisch in Ermangelung einer industriellen Beschäftigung.

England, obgleich Ackerbau und Viehzucht treibend, fabrizierte noch nicht. Die Engländer lieferten den rohen Stoff; andere wußten ihn zu bearbeiten. Die Wolle war auf der einen Seite des Kanals, der Arbeiter war auf der andern Seite. Während die Fürsten stritten und haderten, lebten doch die englischen Viehhändler und die flämischen Tuchfabrikanten in bester Einigkeit, im unzerstörbarsten Bündnis. Die Franzosen, welche dieses Bündnis brechen wollten, mußten dieses Beginnen mit einem hundertjährigen Kriege büßen. Die englischen Könige wollten zwar die Eroberung Frankreichs, aber das Volk verlangte nur Freiheit des Handels, freie Einfuhrplätze, freien Markt für die englische Wolle. Versammelt um einen großen Wollsack, hielten die Kommunen Rat über die Forderungen des Königs und bewilligten ihm gern hinlängliche Hülfsgelder und Armeen.

Eine solche Mischung von Industrie und Chevalerie verleiht dieser ganzen Geschichte ein wunderliches Ansehen. Jener Eduard, welcher auf der Tafelrunde einen stolzen Eid geschworen hat, Frankreich zu erobern, jene gravitätisch närrischen Ritter, welche infolge ihres Gelübdes ein Auge mit rotem Tuch bedeckt tragen, sie sind doch keine so großen Narren, als daß sie auf eigne Kosten ins Feld zögen. Die fromme Einfalt der Kreuzfahrten ist nicht mehr an der Zeit. Diese Ritter sind im Grunde doch nichts anders als käufliche Söldner, als bezahlte Handelsagenten, als bewaffnete Commis voyageurs der Londoner und Genter Kaufleute. Eduard selbst muß sich sehr verbürgern, muß allen Stolz ablegen, muß den Beifall der Tuchhändler- und Webergilde erschmeicheln, muß seinem Gevatter, dem Bierbrauer Artevelde, die Hand reichen, muß auf den Schreibtisch eines Viehhändlers steigen, um das Volk anzureden.

Die englischen Tragödien des vierzehnten Jahrhunderts haben sehr komische Partien. In den nobelsten Rittern steckte immer etwas Falstaff. In Frankreich, in Italien, in Spanien, in den schönen Ländern des Südens, zeigen sich die Engländer ebenso gefräßig wie tapfer. Das ist Herkules der Ochsenverschlinger. Sie kommen, im wahren Sinne des Wortes, um das Land aufzufressen. Aber das Land übt Wiedervergeltung und besiegt sie durch seine Früchte und Weine. Ihre Fürsten und Armeen übernehmen sich in Speis' und Trank und sterben an Indigestionen und Dysentrie.«

Mit diesen gedungenen Fraßhelden vergleiche man die Franzosen, das mäßigste Volk, das weniger durch seine Weine berauscht wird als vielmehr durch seinen angebornen Enthusiasmus. Letzterer war immer die Ursache ihrer Mißgeschicke, und so sehen wir schon in der Mitte des vierzehnten Jahrhunderts, wie sie im Kampfe mit den Engländern eben durch ihr Übermaß von Ritterlichkeit unterliegen mußten. Das war bei Crécy, wo die Franzosen schöner erscheinen durch ihre Niederlage als die Engländer durch ihren Sieg, den sie in unritterlicher Weise durch Fußvolk erfochten... Bisher war der Krieg nur ein großes Turnier von ebenbürtigen Reutern; aber bei Crécy wird diese romantische Kavallerie, diese Poesie, schmählich niedergeschossen von der modernen Infanterie, von der Prosa in strengstilisierter Schlachtordnung, ja, hier kommen sogar die Kanonen zum Vorschein... Der greise Böhmenkönig, welcher, blind und alt, als ein Vasall Frankreichs dieser Schlacht beiwohnte, merkte wohl, daß eine neue Zeit beginne, daß es mit dem Rittertum zu Ende sei, daß künftig der Mann zu Roß von dem Mann zu Fuß überwältigt werde, und er sprach zu seinen Rittern: »Ich bitte euch angelegentlichst, führt mich so weit ins Treffen hinein, daß ich noch einmal mit einem guten Schwertstreich dreinschlagen kann!« Sie gehorchten ihm, banden ihre Pferde an das seinige, jagten mit ihm in das wildeste Getümmel, und des andern Morgens fand man sie alle tot auf den Rücken ihrer toten Pferde, welche noch immer zusammengebunden waren. Wie dieser Böhmenkönig und seine Ritter, so fielen die Franzosen bei Crécy, bei Poitiers; sie starben, aber zu Pferde. Für England war der Sieg, für Frankreich war der Ruhm. Ja, sogar durch ihre Niederlagen wissen die Franzosen ihre Gegner in den Schatten zu stellen. Die Triumphe der Engländer sind immer eine Schande der Menschheit, seit den Tagen von Crécy und Poitiers, bis auf Waterloo. Klio ist immer ein Weib, trotz ihrer parteilosen Kälte ist sie empfindlich für Ritterlichkeit und Heldensinn; und ich bin überzeugt, nur mit knirschendem Herzen verzeichnet sie in ihre Denktafeln die Siege der Engländer.

Lady Grey

(Heinrich VI.)

Sie war eine arme Witwe, welche zitternd vor König Eduard trat und ihn anflehte, ihren Kindern das Gütchen zurückzugeben, das nach dem Tode ihres Gemahls den Feinden anheimgefallen war. Der wollüstige König, welcher ihre Keuschheit nicht zu kirren vermag, wird so sehr von ihren schönen Tränen bezaubert, daß er ihr die Krone aufs Haupt setzt. Wieviel Kümmernisse für beide dadurch entstanden, meldet die Weltgeschichte.

Hat Shakespeare wirklich den Charakter des erwähnten Königs ganz treu nach der Historie geschildert? Ich muß wieder auf die Bemerkung zurückkommen, daß er verstand, die Lakunen der Historie zu füllen. Seine Königscharaktere sind immer so wahr gezeichnet, daß man, wie ein englischer Schriftsteller bemerkt, manchmal meinen sollte, er sei während seines ganzen Lebens der Kanzler des Königs gewesen, den er in irgendeinem Drama agieren läßt. Für die Wahrheit seiner Schilderungen bürgt, nach meinem Bedünken, auch die frappante Ähnlichkeit, welche sich zwischen seinen alten Königen und jenen Königen der Jetztzeit kundgibt, die wir als Zeitgenossen am besten zu beurteilen vermögen.

Was Friedrich Schlegel von dem Geschichtschreiber sagt, gilt ganz eigentlich von unserem Dichter: er ist ein in die Vergangenheit schauender Prophet. Wäre es mir erlaubt, einem der berühmtesten unserer gekrönten Zeitgenossen den Spiegel vorzuhalten, so würde jeder einsehen, daß ihm Shakespeare schon vor zwei Jahrhunderten seinen Steckbrief ausgefertigt hat. In der Tat, beim Anblick dieses großen, vortrefflichen und gewiß auch glorreichen Monarchen überschleicht uns ein gewisses Schauergefühl, das wir zuweilen empfinden, wenn wir im wachen Tageslichte einer Gestalt begegnen, die wir schon in nächtlichen Träumen erblickt haben. Als wir ihn vor acht Jahren durch die Straßen der Hauptstadt reiten sahen, »barhäuptig und demütig nach allen Seiten grüßend«, dachten wir immer an die Worte, womit York des Bolingbrokes Einzug in London schildert. Sein Vetter, der neuere Richard II., kannte ihn sehr gut, durchschaute ihn immer und äußerte einst ganz richtig:

> Wir selbst und Bushy, Bagot hier und Green
> Sahn sein Bewerben beim geringen Volk,
> Wie er sich wollt in ihre Herzen tauchen
> Mit traulicher, demüt'ger Höflichkeit;
> Was für Verehrung er an Knechte wegwarf,
> Handwerker mit des Lächelns Kunst gewinnend
> Und ruhigem Ertragen seines Loses,
> Als wollt er ihre Neigung mit verbannen.
> Vor einem Austerweib zieht er die Mütze,
> Ein paar Karrnzieher grüßten: »Gott geleit' Euch!«

Und ihnen ward des schmeid'gen Knies Tribut,
Nebst: »Dank, Landsleute! meine güt'gen Freunde!«

Ja, die Ähnlichkeit ist erschreckend. Ganz wie der ältere, entfaltete sich vor unsern Augen der heutige Bolingbroke, der, nach dem Sturze seines königlichen Vetters, den Thron bestieg, sich allmählich darauf befestigte: ein schlauer Held, ein kriechender Riese, ein Titan der Verstellung, entsetzlich, ja empörend ruhig, die Tatze in einem samtnen Handschuh und damit die öffentliche Meinung streichelnd, den Raub schon in weiter Ferne erspähend und nie darauf losspringend, bis er in sicherster Nähe... Möge er immer seine schnaubenden Feinde besiegen und dem Reiche den Frieden erhalten, bis zu seiner Todesstunde, wo er zu seinem Sohn jene Worte sprechen wird, die Shakespeare schon längst für ihn aufgeschrieben:

Komm her, mein Sohn, und setz dich an mein Bett,
Und hör den letzten Ratschlag, wie ich glaube,
Den ich je atmen mag. Gott weiß, mein Sohn,
Durch welche Nebenschlich' und krumme Wege
Ich diese Kron' erlangt; ich selbst weiß wohl,
Wie lästig sie auf meinem Haupte saß.
Dir fällt sie heim nunmehr mit beßrer Ruh',
Mit beßrer Meinung, besserer Bestät'gung;
Denn jeder Flecken der Erlangung geht
Mit mir ins Grab. An mir erschien sie nur
Wie eine Ehr', erhascht mit heft'ger Hand;
Und viele lebten noch, mir vorzurücken,
Daß ich durch ihren Beistand sie gewonnen,
Was täglich Zwist und Blutvergießen schuf,
Dem vorgegebnen Frieden Wunden schlagend.
All diese dreisten Schrecken, wie du siehst,
Hab ich bestanden mit Gefahr des Lebens:
Denn all mein Regiment war nur ein Auftritt,
Der diesen Inhalt spielte; nun verändert
Mein Tod die Weise; denn was ich erjagt,
Das fällt dir nun mit schönerm Anspruch heim,
Da du durch Erblichkeit die Krone trägst.
Und stehst du sichrer schon, als ich es konnte,

Du bist nicht fest genug, solang' die Klagen
So frisch noch sind; und allen meinen Freunden,
Die du zu deinen Freunden machen mußt,
Sind Zähn' und Stachel kürzlich nur entnommen,
Die durch gewaltsam Tun mich erst befördert,
Und deren Macht wohl Furcht erregen konnte
Vor neuer Absetzung; was zu vermeiden
Ich sie verdarb und nun des Sinnes war,
Zum Heil'gen Lande viele fortzuführen,
Daß Ruh' und Stilleliegen nicht zu nah
Mein Reich sie prüfen ließ. Darum, mein Sohn,
Beschäft'ge stets die schwindlichten Gemüter
Mit fremdem Zwist, daß Wirken in der Fern'
Das Angedenken vor'ger Tage banne.
Mehr wollt ich, doch die Lung' ist so erschöpft,
Daß kräft'ge Rede gänzlich mir versagt ist.
Wie ich zur Krone kam, o Gott vergebe!
Daß sie bei dir in wahrem Frieden lebe!

Lady Anna

(König Richard III.)

Die Gunst der Frauen, wie das Glück überhaupt, ist ein freies Geschenk, man empfängt es, ohne zu wissen wie, ohne zu wissen warum. Aber es gibt Menschen, die es mit eisernem Willen vom Schicksal zu ertrotzen verstehen, und diese gelangen zum Ziele, entweder durch Schmeichelei oder indem sie den Weibern Schrecken einflößen oder indem sie ihr Mitleiden anregen oder indem sie ihnen Gelegenheit geben, sich aufzuopfern... Letzteres, nämlich das Geopfertsein, ist die Lieblingsrolle der Weiber und kleidet sie so schön vor den Leuten und gewährt ihnen auch in der Einsamkeit soviel tränenreiche Wehmutsgenüsse.

Lady Anna wird durch alles dieses zu gleicher Zeit bezwungen. Wie Honigseim gleiten die Schmeichelworte von den furchtbaren Lippen... Richard schmeichelt ihr, derselbe Richard, welcher ihr alle Schrecken der Hölle einflößt, welcher ihren geliebten Gemahl und den väterlichen Freund getötet, den sie eben zu Grabe bestattet... Er befiehlt den Leichenträgern mit herrischer Stimme, den Sarg niederzusetzen, und in diesem Momente richtet er seine Liebeswerbung an die schöne Leidtragende... Das Lamm sieht schon mit Entsetzen das Zähnefletschen des Wolfes, aber dieser spitzt plötzlich die Schnauze zu den süßesten Schmeicheltönen... Die Schmeichelei des Wolfes wirkt so erschütternd, so berauschend auf das arme Lammgemüt, daß alle Gefühle darin eine plötzliche Umwandlung erleiden... Und König Richard spricht von seinem Kummer, von seinem Gram, so daß Anna ihm ihr Mitleid nicht versagen kann, um so mehr, da dieser wilde Mensch nicht sehr klagesüchtig von Natur ist... Und dieser unglückliche Mörder hat Gewissensbisse, spricht von Reue, und eine gute Frau könnte ihn vielleicht auf den besseren Weg leiten, wenn sie sich für ihn aufopfern wollte... Und Anna entschließt sich, Königin von England zu werden.

Königin Katharina

(Heinrich VIII.)

Ich hege ein unüberwindliches Vorurteil gegen diese Fürstin, welcher ich dennoch die höchsten Tugenden zugestehen muß. Als Ehefrau war sie ein Muster häuslicher Treue. Als Königin betrug sie sich mit höchster Würde und Majestät. Als Christin war sie die Frömmigkeit selbst. Aber den Doktor Samuel Johnson hat sie zum überschwenglichsten Lobe begeistert, sie ist unter allen Shakespeareschen Frauen sein auserlesener Liebling, er spricht von ihr mit Zärtlichkeit und Rührung... Das ist nicht zu ertragen. Shakespeare hat alle Macht seines Genius aufgeboten, die gute Frau zu verherrlichen; doch diese Bemühung wird vereitelt, wenn man sieht, daß Dr. Johnson, der große Porterkrug, bei ihrem Anblick in süßes Entzücken gerät und von Lobeserhebungen überschäumt. Wär sie meine Frau, ich könnte mich von ihr scheiden lassen ob solcher Lobeserhebungen. Vielleicht war es nicht der Liebreiz von Anna Boleyn, was den armen König Heinrich von ihr losriß, sondern der Enthusiasmus, womit sich irgendein damaliger Dr. Johnson über die treue, würdevolle und fromme Katharina aussprach. Hat vielleicht Thomas Morus, der bei all seiner Vortrefflichkeit etwas pedantisch und ledern und unverdaulich wie Dr. Johnson war, zu sehr die Königin in den Himmel erhoben? Dem wackern Kanzler freilich kam sein Enthusiasmus etwas teuer zu stehen; der König erhob ihn deshalb selbst in den Himmel.

Ich weiß nicht, was ich am meisten bewundern soll: daß Katharina ihren Gemahl ganze fünfzehn Jahre lang ertrug oder daß Heinrich seine Gattin während so langer Zeit ertragen hat? Der König war nicht bloß sehr launenhaft, jähzornig und in beständigem Widerspruch mit allen Neigungen seiner Frau – das findet sich in vielen Ehen, die sich trotzdem, bis der Tod allem Zank ein Ende macht, aufs beste erhalten –; aber der König war auch Musiker und Theolog, und beides in vollendeter Miserabilität. Ich habe unlängst als ergötzliche Kuriosität einen Choral von ihm gehört, der ebenso schlecht war wie sein Traktat de septem sacramentis. Er hat gewiß mit seinen musikalischen Kompositionen und seiner theologischen Schriftstellerei die arme Frau sehr belästigt. Das Beste an Heinrich war sein Sinn für plastische Kunst, und aus Vorliebe für das Schöne entstanden vielleicht seine schlimmsten Sympathien und Antipathien. Katharina von Aragonien war nämlich noch hübsch in ihrem vierundzwanzigsten Jahre, als Heinrich achtzehn Jahr alt war und sie heiratete, obgleich sie die Witwe seines Bruders gewesen. Aber ihre Schönheit hat wahrscheinlich mit den Jahren nicht zugenommen, um so mehr, da sie, aus Frömmigkeit, mit Geißelung, Fasten, Nachtwachen und Betrübungen ihr Fleisch beständig kasteite. Über diese asketischen Übungen beklagte sich ihr Gemahl oft genug, und auch uns wären dergleichen an einer Frau sehr fatal gewesen.

Aber es gibt noch einen andern Umstand, der mich in meinem Vorurteil gegen diese Königin bestärkt: Sie war die Tochter der Isabella von Kastilien und die Mutter der blutigen Maria. Was soll ich von dem Baume denken, der solcher bösen Saat entsprossen und solche böse Frucht gebar?

Wenn sich auch in der Geschichte keine Spuren ihrer Grausamkeit vorfinden, so tritt dennoch der wilde Stolz ihrer Rasse bei jeder Gelegenheit hervor, wo sie ihren Rang vertreten oder geltend machen will. Trotz ihrer wohleingeübten christlichen Demut geriet sie doch jedesmal in einen fast heidnischen Zorn, wenn man einen Verstoß gegen die herkömmliche Etikette machte oder gar ihr den königlichen Titel verweigerte. Bis in den Tod bewahrte sie diesen unauslöschbaren Hochmut, und auch bei Shakespeare sind ihre letzten Worte:

> Ihr sollt mich balsamieren, dann zur Schau
> Ausstellen, zwar entkönigt, doch begrabt mich
> Als Königin und eines Königs Tochter.
> Ich kann nicht mehr. 526

Anna Boleyn

(Heinrich VIII.)

Die gewöhnliche Meinung geht dahin, daß König Heinrichs Gewissensbisse ob seiner Ehe mit Katharinen durch die Reize der schönen Anna entstanden seien. Sogar Shakespeare verrät diese Meinung, und wenn in dem Krönungszug die neue Königin auftritt, legt er einem jungen Edelmann folgende Worte in den Mund:

> ... Gott sei mit dir!
> Solch süß Gesicht, als deins, erblick ich nie!
> Bei meinem Leben, Herr, sie ist ein Engel,

Der König hält ganz Indien in den Armen,
Und viel, viel mehr, wenn er dies Weib umfängt:
Ich tadle sein Gewissen nicht.

Von der Schönheit der Anna Boleyn gibt uns der Dichter auch in der folgenden Szene einen Begriff, wo er den Enthusiasmus schildert, den ihr Anblick bei der Krönung hervorbrachte.

Wie sehr Shakespeare seine Gebieterin, die hohe Elisabeth, liebte, zeigt sich vielleicht am schönsten in der Umständlichkeit, womit er die Krönungsfeier ihrer Mutter darstellt. Alle diese Details sanktionieren das Thronrecht der Tochter, und ein Dichter wußte die bestrittene Legitimität seiner Königin dem ganzen Publikum zu veranschaulichen. Aber diese Königin verdiente solchen Liebeseifer! Sie glaubte ihrer Königswürde nichts zu vergeben, wenn sie dem Dichter gestattete, alle ihre Vorfahren, und sogar ihren eigenen Vater, mit entsetzlicher Unparteilichkeit auf der Bühne darzustellen! Und nicht bloß als Königin, sondern auch als Weib wollte sie nie die Rechte der Poesie beeinträchtigen; wie sie unserem Dichter in politischer Hinsicht die höchste Redefreiheit gewährte, so erlaubte sie ihm auch die kecksten Worte in geschlechtlicher Beziehung, sie nahm keinen Anstoß an den ausgelassensten Witzen einer gesunden Sinnlichkeit, und sie, the maiden queen, die königliche Jungfrau, verlangte sogar, daß Sir John Falstaff sich einmal als Liebhaber zeige. Ihrem lächelnden Wink verdanken wir »Die lustigen Weiber von Windsor«.

Shakespeare konnte seine englischen Geschichtsdramen nicht besser schließen, als indem er am Ende von »Heinrich VIII.« die neugeborne Elisabeth, gleichsam die bessere Zukunft in Windeln, über die Bühne tragen läßt.

Hat aber Shakespeare wirklich den Charakter Heinrichs VIII., des Vaters seiner Königin, ganz geschichtstreu geschildert? Ja, obgleich er die Wahrheit nicht in so grellen Lauten wie in seinen übrigen Dramen verkündete, so hat er sie doch jedenfalls ausgesprochen, und der leisere Ton macht jeden Vorwurf desto eindringlicher. Dieser Heinrich VIII. war der schlimmste aller Könige, denn während alle andere böse Fürsten nur gegen ihre Feinde wüteten, raste jener gegen seine Freunde, und seine Liebe war immer weit gefährlicher als sein Haß. Die Ehestandsgeschichten dieses königlichen Blaubarts sind entsetzlich. In alle Schrecknisse derselben mischte er obendrein eine gewisse blödsinnig grauenhafte Galanterie. Als er Anna Boleyn hinzurichten befahl, ließ er ihr vorher sagen, daß er für sie den geschicktesten Scharfrichter von ganz England bestellt habe. Die Königin dankte ihm gehorsamst für solche zarte Aufmerksamkeit, und in ihrer leichtsinnig heitern Weise umspannte sie mit beiden weißen Händen ihren Hals und rief: »Ich bin sehr leicht zu köpfen, ich hab nur ein kleines, schmales Hälschen.«

Auch ist das Beil, womit man ihr das Haupt abschlug, nicht sehr groß. Man zeigte es mir in der Rüstkammer des Towers zu London, und während ich es in Händen hielt, beschlichen mich sehr sonderbare Gedanken.

Wenn ich Königin von England wäre, ich ließe jenes Beil in die Tiefe des Ozeans versenken.

Lady Macbeth

(Macbeth)

Von den eigentlich historischen Dramen wende ich mich zu jenen Tragödien, deren Fabel entweder rein ersonnen oder aus alten Sagen und Novellen geschöpft ist. »Macbeth« bildet einen Übergang zu diesen Dichtungen, worin der Genius des großen Shakespeare am freiesten und kecksten seine Flügel entfaltet. Der Stoff ist einer alten Legende entlehnt, er gehört nicht zur Historie, und dennoch macht dieses Stück einige Ansprüche an geschichtlichen Glauben, da der Ahnherr des königlichen Hauses von England darin eine Rolle spielte. »Macbeth« ward nämlich unter Jakob I. aufgeführt, welcher bekanntlich von dem schottischen Banko abstammen sollte. In dieser Beziehung hat der Dichter auch einige Prophezeiungen zur Ehre der regierenden Dynastie seinem Drama eingewebt.

»Macbeth« ist ein Liebling der Kritiker, die hier Gelegenheit finden, ihre Ansichten über die antike Schicksalstragödie, in Vergleichung mit der Auffassung des Fatums bei modernen Tragikern, des breitesten auseinanderzusetzen. Ich erlaube mir über diesen Gegenstand nur eine flüchtige Bemerkung.

Die Schicksalsidee des Shakespeare ist von der Idee des Schicksals bei den Alten in gleicher Weise verschieden, wie die wahrsagenden Frauen, die kronenverheißend in der alten nordischen Legende dem Macbeth begegnen, von jener Hexenschwesterschaft verschieden sind, die man in der Shakespeareschen Tragödie auftreten sieht. Jene wundersamen Frauen in der alten nordischen Legende sind offenbar Walküren, schauerliche Luftgöttinnen, die, über den Schlachtfeldern einherschwebend, Sieg oder Niederlage entscheiden und als die eigentlichen Lenkerinnen des Menschenschicksals zu betrachten sind, da letzteres im kriegerischen Norden zunächst vom Ausgang der Schwertkämpfe abhängig war. Shakespeare verwandelte sie in unheilstiftende Hexen, entkleidete sie aller furchtbaren Grazie des nordischen Zaubertums, er machte sie zu zwitterhaften Mißweibern, die ungeheuerlichen Spuk zu treiben wissen und Verderben brauen, aus hämischer Schadenfreude oder auf Geheiß der Hölle: sie sind die Dienerinnen des Bösen, und wer sich von ihren Sprüchen betören läßt, geht mit Leib und Seele zugrunde. Shakespeare hat also die altheidnischen Schicksalsgöttinnen und ihren ehrwürdigen Zaubersegen ins Christliche übersetzt, und der Untergang seines Helden ist daher nicht etwas vorausbestimmt Notwendiges, etwas starr Unabwendbares wie das alte Fatum, sondern er ist nur die Folge jener Lockungen der Hölle, die das Menschenherz mit den feinsten Netzen zu umschlingen weiß: Macbeth unterliegt der Macht Satans, dem Urbösen.

Interessant ist es, wenn man die Shakespeareschen Hexen mit den Hexen anderer englischen Dichter vergleicht. Man bemerkt, daß Shakespeare sich dennoch von der altheidnischen Anschauungsweise nicht ganz losreißen konnte, und seine Zauberschwestern sind daher auffallend grandioser und respektabler als die Hexen von Middleton, die weit mehr eine böse Vettelnatur bekunden, auch weit kleinlichere Tücken ausüben, nur den Leib beschädigen, über den Geist wenig vermögen und höchstens mit Eifersucht, Mißgunst, Lüsternheit und ähnlichem Gefühlsaussatz unsere Herzen zu überkrusten wissen.

Die Renommee der Lady Macbeth, die man während zwei Jahrhunderten für eine sehr böse Person hielt, hat sich vor etwa zwölf Jahren in Deutschland sehr zu ihrem Vorteil verbessert. Der fromme Franz Horn machte nämlich im Brockhausischen »Konversationsblatt« die Bemerkung, daß die arme Lady bisher ganz verkannt worden, daß sie ihren Mann sehr liebte und überhaupt ein liebevolles Gemüt besäße. Diese Meinung suchte bald darauf Herr Ludwig Tieck mit all seiner Wissenschaft, Gelahrtheit und philosophischen Tiefe zu unterstützen, und es dauerte nicht lange, so sahen wir Madame Stich auf der königlichen Hofbühne in der Rolle der Lady Macbeth so gefühlvoll girren und turteltäubeln, daß kein Herz in Berlin vor solchen Zärtlichkeitstönen ungerührt blieb und manches schöne Auge von Tränen überfloß beim Anblick der juten Macbeth. – Das geschah, wie gesagt, vor etwa zwölf Jahren, in jener sanften Restaurationszeit, wo wir soviel Liebe im Leibe hatten. Seitdem ist ein großer Bankrott ausgebrochen, und wenn wir jetzt mancher gekrönten Person nicht die überschwengliche Liebe widmen, die sie verdient, so sind Leute daran schuld, die, wie die Königin von Schottland, während der Restaurationsperiode unsre Herzen ganz ausgebeutet haben.

Ob man in Deutschland die Liebenswürdigkeit der besagten Lady noch immer verficht, weiß ich nicht. Seit der Juliusrevolution haben sich jedoch die Ansichten in vielen Dingen geändert, und man hat vielleicht sogar in Berlin einsehen lernen, daß die jute Macbeth eine sehr bese Bestie sint.

530

Ophelia

(Hamlet)

Das ist die arme Ophelia, die Hamlet der Däne geliebt hat. Es war ein blondes, schönes Mädchen, und besonders in ihrer Sprache lag ein Zauber, der mir schon damals das Herz rührte, als ich nach Wittenberg reisen wollte und zu ihrem Vater ging, um ihm Lebewohl zu sagen. Der alte Herr war so gütig, mir alle jene guten Lehren, wovon er selber sowenig Gebrauch machte, auf den Weg mitzugeben, und zuletzt rief er Ophelien, daß sie uns Wein bringe zum Abschiedstrunk. Als das liebe Kind, sittsam und anmutig, mit dem Kredenzteller zu mir herantrat und das strahlend große Auge gegen mich aufhob, griff ich in der Zerstreuung zu einem leeren, statt zu einem gefüllten Becher. Sie lächelte über meinen Mißgriff. Ihr Lächeln war schon damals so wundersam glänzend, es zog sich über ihre Lippen schon jener berauschende Schmelz, der wahrscheinlich von den Kußelfen herrührte, die in den Mundwinkeln lauschten.

Als ich von Wittenberg heimkehrte und das Lächeln Ophelias mir wieder entgegenleuchtete, vergaß ich darüber alle Spitzfündigkeiten der Scholastik, und mein Nachgrübeln betraf nur die holden Fragen: Was bedeutet jenes Lächeln? Was bedeutet jene Stimme, jener geheimnisvoll schmachtende Flötenton? Woher empfangen jene Augen ihre seligen Strahlen? Ist es ein Abglanz des Himmels, oder erglänzt der Himmel nur von dem Widerschein dieser Augen? Steht jenes Lächeln im Zusammenhang mit der stummen Musik des Sphärentanzes, oder ist es nur die irdische Signatur der übersinnlichsten Harmonien? Eines Tages, als wir im Schloßgarten zu Helsingör uns ergingen, zärtlich scherzend und kosend, die Herzen in voller Sehnsuchtsblüte... es bleibt mir unvergeßlich, wie bettelhaft der Gesang der Nachtigallen abstach gegen die himmelhauchende Stimme Ophelias und wie armselig blöde die Blumen aussahen mit ihren bunten Gesichtern ohne Lächeln, wenn ich sie zufällig verglich mit dem holdseligen Munde Ophelias! Die schlanke Gestalt, wie wandlende Lieblichkeit schwebte sie neben mir einher.

531

Ach! das ist der Fluch schwacher Menschen, daß sie jedesmal, wenn ihnen eine große Unbill widerfährt, zunächst an dem Besten und Liebsten, was sie besitzen, ihren Unmut auslassen. Und der arme Hamlet zerstörte zunächst seine Vernunft, das herrliche Kleinod, stürzte sich durch verstellte Geistesverwirrung in den entsetzlichen Abgrund der wirklichen Tollheit und quälte sein armes Mädchen mit höhnischen Stachelreden... Das arme Ding! das fehlte noch, daß der Geliebte ihren Vater für eine Ratte hielt und ihn totstach... Da mußte sie ebenfalls von Sinnen kommen! Aber ihr Wahnsinn ist nicht so schwarz und brütend düster wie der Hamletische, sondern er gaukelt, gleichsam besänftigend, mit süßen Liedern um ihr krankes Haupt... Ihre sanfte Stimme schmilzt ganz in Gesang, und Blumen und wieder Blumen winden sich durch all ihr Denken. Sie singt und flechtet Kränze und schmückt damit ihre Stirn und lächelt mit ihrem strahlenden Lächeln, armes Kind!...

> Es neigt ein Weidenbaum sich übern Bach
> Und zeigt im klaren Strom sein grünes Laub,
> Mit welchem sie phantastisch Kränze wand
> Von Hahnfuß, Nesseln, Maßlieb, Kuckucksblumen.
> Dort, als sie aufklomm, um ihr Laubgewinde
> An den gesenkten Ästen aufzuhängen,
> Zerbrach ein falscher Zweig, und nieder fielen
> Die rankenden Trophäen und sie selbst
> Ins weinende Gewässer. Ihre Kleider
> Verbreiteten sich weit und trugen sie
> Sirenengleich ein Weilchen noch empor,
> Indes sie Stellen alter Weisen sang,
> Als ob sie nicht die eigne Not begriffe,
> Wie ein Geschöpf, geboren und begabt
> Für dieses Element. Doch lange währt' es nicht,
> Bis ihre Kleider, die sich schwergetrunken,
> Das arme Kind von ihren Melodien
> Hinunterzogen in den schlamm'gen Tod.

Doch was erzähl ich euch diese kummervolle Geschichte. Ihr kennt sie alle von frühester Jugend, und ihr habt oft genug geweint über die alte Tragödie von Hamlet dem Dänen, welcher die arme Ophelia liebte, weit mehr liebte, als tausend Brüder mit ihrer Gesamtliebe sie zu lieben vermochten, und welcher verrückt wurde, weil ihm der Geist seines Vaters erschien und weil die Welt aus ihren Angeln gerissen war und er sich zu schwach fühlte, um sie wieder einzufügen, und weil er im deutschen Wittenberg vor lauter Denken das Handeln verlernt hatte und weil ihm die Wahl stand, entweder wahnsinnig zu werden oder eine rasche Tat zu begehn, und weil er als Mensch überhaupt große Anlagen zur Tollheit in sich trug.

Wir kennen diesen Hamlet, wie wir unser eignes Gesicht kennen, das wir so oft im Spiegel erblicken und das uns dennoch weniger bekannt ist, als man glauben sollte; denn begegnete uns jemand auf der Straße, der ganz so aussähe wie wir selber, so würden wir das befremdlich wohlbekannte Antlitz nur instinktmäßig und mit geheimen Schreck anglotzen, ohne jedoch zu merken, daß es unsere eignen Gesichtszüge sind, die wir eben erblickten.

Cordelia

(König Lear)

In diesem Stücke liegen Fußangel und Selbstschüsse für den Leser, sagt ein englischer Schriftsteller. Ein anderer bemerkt, diese Tragödie sei ein Labyrinth, worin sich der Kommentator verirren und am Ende Gefahr laufen könne, von dem Minotaur, der dort haust, erwürgt zu werden; er möge hier das kritische Messer nur zur Selbstverteidigung gebrauchen. Und in der Tat ist es jedenfalls eine mißliche Sache, den Shakespeare zu kritisieren, ihn, aus dessen Worten uns beständig die schärfste Kritik unserer eignen Gedanken und Handlungen entgegenlacht: so ist es fast unmöglich, ihn in dieser Tragödie zu beurteilen, wo sein Genius bis zur schwindligsten Höhe sich emporschwang.

Ich wage mich nur bis an die Pforte dieses Wunderbaus, nur bis zur Exposition, die schon gleich unser Erstaunen erregt. Die Expositionen sind überhaupt in Shakespeares Tragödien bewunderungswürdig. Durch diese ersten Eingangsszenen werden wir schon gleich aus unseren Werkeltagsgefühlen und Zunftgedanken herausgerissen und in die Mitte jener ungeheuern Begebenheiten versetzt, womit der Dichter unsere Seelen erschüttern und reinigen will. So eröffnet sich die Tragödie des »Macbeth« mit der Begegnung der Hexen, und der weissagende Spruch derselben unterjocht nicht bloß das Herz des schottischen Feldherrn, den wir siegestrunken auftreten sehen, sondern auch unser eignes Zuschauerherz, das jetzt nicht mehr los kann, bis alles erfüllt und beendigt ist. Wie in »Macbeth« das wüste, sinnebetäubende Grauen der blutigen Zauberwelt schon im Beginn uns erfaßt, so überfröstelt uns der Schauer des bleichen Geisterreichs bereits in den ersten Szenen des »Hamlet«, und wir können uns hier nicht loswinden von den gespenstischen Nachtgefühlen, von dem Alpdrücken der unheimlichsten Ängste, bis alles vollbracht, bis Dänemarks Luft, die von Menschenfäulnis geschwängert war, wieder ganz gereinigt ist.

In den ersten Szenen des »Lear« werden wir auf gleicher Weise unmittelbar hineingezogen in die fremden Schicksale, die sich vor unseren Augen ankündigen, entfalten und abschließen. Der Dichter gewährt uns hier ein Schauspiel, das noch entsetzlicher ist als alle Schrecknisse der Zauberwelt und des Geisterreichs: er zeigt uns nämlich die menschliche Leidenschaft, die alle Vernunftdämme durchbricht und in der furchtbaren Majestät eines königlichen Wahnsinns hinaustobt, wetteifernd mit der empörten Natur in ihrem wildesten Aufruhr. Aber ich glaube, hier endet die außerordentliche Obmacht, die spielende Willkür, womit Shakespeare seinen Stoff immer bewältigen konnte; hier beherrscht ihn sein Genius weit mehr als in den erwähnten Tragödien, in »Macbeth« und »Hamlet«, wo er, mit künstlerischer Gelassenheit, neben den dunkelsten Schatten der Gemütsnacht die rosigsten Lichter des Witzes, neben den wildesten Handlungen das heiterste Stilleben hinmalen konnte. Ja, in der Tragödie »Macbeth« lächelt uns eine sanfte, befriedete Natur entgegen: an den Fensterfliesen des Schlosses, wo die blutigste Untat verübt wird, kleben stille Schwalbennester; ein freundlicher schottischer Sommer, nicht zu warm, nicht zu kühl, weht durch das ganze Stück; überall schöne Bäume und grünes Laubwerk, und am Ende gar kommt ein ganzer Wald einhermarschiert, Birnamwald kommt nach Dunsinane. Auch in »Hamlet« kontrastiert die liebliche Natur mit der Schwüle der Handlung; bleibt es auch Nacht in der Brust des Helden, so geht doch die Sonne darum nicht minder morgenrötlich auf, und Polonius ist ein amüsanter Narr, und es wird ruhig Komödie gespielt, und unter grünen Bäumen sitzt die arme Ophelia, und mit bunten, blühenden Blumen windet sie ihre Kränze. Aber in »Lear« herrschen keine solche Kontraste zwischen der Handlung und der Natur, und die entzügelten Elemente heulen und stürmen um die Wette mit dem wahnsinnigen König. Wirkt ein sittliches Ereignis ganz außerordentlicher Art auch auf die sogenannte leblose Natur? Befindet sich zwischen dieser und dem Menschengemüt ein äußerlich sichtbares Wahlverhältnis? Hat unser Dichter dergleichen erkannt und darstellen wollen?

Mit der ersten Szene dieser Tragödie werden wir, wie gesagt, schon in die Mitte der Ereignisse geführt, und wie klar auch der Himmel ist, ein scharfes Auge kann das künftige Gewitter schon voraussehen. Da ist ein Wölkchen im Verstande Lears, welches sich später zur schwärzesten Geistesnacht verdichten wird. Wer in dieser Weise alles verschenkt, der ist schon verrückt. Wie das Gemüt des Helden, so lernen wir auch den Charakter der Töchter schon in der Expositionsszene kennen, und namentlich rührt uns schon gleich die schweigsame Zärtlichkeit Cordelias, der modernen Antigone, die an Innigkeit die antike Schwester noch übertrifft. Ja, sie ist ein reiner Geist, wie es der König erst im Wahnsinn einsieht. Ganz rein? Ich glaube, sie ist ein bißchen eigensinnig, und dieses Fleckchen ist ein Vatermal. Aber wahre Liebe ist sehr verschämt und haßt allen Wortkram; sie kann nur weinen und verbluten. Die wehmütige Bitterkeit, womit Cordelia auf die Heuchelei der Schwestern anspielt, ist von der zartesten Art und trägt ganz den Charakter jener Ironie, deren sich der Meister aller Liebe, der Held des Evangeliums, zuweilen bediente. Ihre Seele entladet sich des gerechtesten Unwillens und offenbart zugleich ihren ganzen Adel in den Worten:

> Fürwahr, nie heurat ich, wie meine Schwestern, um bloß
> meinen Vater zu lieben.

Julie

(Romeo und Julie)

In der Tat, jedes Shakespearesche Stück hat sein besonderes Klima, seine bestimmte Jahreszeit und seine lokalen Eigentümlichkeiten. Wie die Personen in jedem dieser Dramen, so hat auch der Boden und der Himmel, der darin sichtbar wird, eine besondere Physiognomie. Hier, in »Romeo und Julie«, sind wir über die Alpen gestiegen und befinden uns plötzlich in dem schönen Garten, welcher Italien heißt...

Kennst du das Land, wo die Zitronen blühn,
Im dunkeln Laub die Goldorangen glühn? –

Es ist das sonnige Verona, welches Shakespeare zum Schauplatze gewählt hat für die Großtaten der Liebe, die er in »Romeo und Julie« verherrlichen wollte. Ja, nicht das benannte Menschenpaar, sondern die Liebe selbst ist der Held in diesem Drama. Wir sehen hier die Liebe jugendlich übermütig auftreten, allen feindlichen Verhältnissen Trotz bietend und alles besiegend... Denn sie fürchtet sich nicht, in dem großen Kampfe zu dem schrecklichsten, aber sichersten Bundesgenossen, dem Tode, ihre Zuflucht zu nehmen. Liebe im Bündnisse mit dem Tode ist unüberwindlich. Liebe! Sie ist die höchste und siegreichste aller Leidenschaften. Ihre weltbezwingende Stärke besteht aber in ihrer schrankenlosen Großmut, in ihrer fast übersinnlichen Uneigennützigkeit, in ihrer aufopferungssüchtigen Lebensverachtung. Für sie gibt es kein Gestern, und sie denkt an kein Morgen... Sie begehrt nur des heutigen Tages, aber diesen verlangt sie ganz, unverkürzt, unverkümmert... Sie will nichts davon aufsparen für die Zukunft und verschmäht die aufgewärmten Reste der Vergangenheit... »Vor mir Nacht, hinter mir Nacht«... Sie ist eine wandelnde Flamme zwischen zwei Finsternissen... Woher entsteht sie?... Aus unbegreiflich winzigen Fünkchen!... Wie endet sie?... Sie erlöscht spurlos, ebenso unbegreiflich... Je wilder sie brennt, desto früher erlöscht sie... Aber das hindert sie nicht, sich ihren lodernden Trieben ganz hinzugeben, als dauerte ewig dieses Feuer...

Ach, wenn man zum zweitenmal im Leben von der großen Glut erfaßt wird, so fehlt leider dieser Glaube an ihrer Unsterblichkeit, und die schmerzlichste Erinnerung sagt uns, daß sie sich am Ende selber aufzehrt... Daher die Verschiedenheit der Melancholie bei der ersten Liebe und bei der zweiten... Bei der ersten denken wir, daß unsere Leidenschaft nur mit tragischem Tode enden müsse, und in der Tat, wenn nicht anders die entgegendrohenden Schwierigkeiten zu überwinden sind, entschließen wir uns leicht, mit der Geliebten ins Grab zu steigen... Hingegen bei der zweiten Liebe liegt uns der Gedanke im Sinne, daß unsere wildesten und herrlichsten Gefühle sich mit der Zeit in eine zahme Lauheit verwandeln, daß wir die Augen, die Lippen, die Hüften, die uns jetzt so schauerlich begeistern, einst mit Gleichgültigkeit betrachten werden... Ach! dieser Gedanke ist melancholischer als jede

Todesahnung!... Das ist ein trostloses Gefühl, wenn wir im heißesten Rausche an künftige Nüchternheit und Kühle denken und aus Erfahrung wissen, daß die hochpoetischen heroischen Leidenschaften ein so kläglich prosaisches Ende nehmen!...

Diese hochpoetischen heroischen Leidenschaften! Wie die Theaterprinzessinnen gebärden sie sich und sind hochrot geschminkt, prachtvoll kostümiert, mit funkelndem Geschmeide beladen und wandeln stolz einher und deklamieren in gemessenen Jamben... Wenn aber der Vorhang fällt, zieht die arme Prinzessin ihre Werkeltagskleider wieder an, wischt sich die Schminke von den Wangen, sie muß den Schmuck dem Garderobemeister überliefern, und schlotternd hängt sie sich an den Arm des ersten besten Stadtgerichtsreferendarii, spricht schlechtes Berliner Deutsch, steigt mit ihm in eine Mansarde und gähnt und legt sich schnarchend aufs Ohr und hört nicht mehr die süßen Beteurungen: »Sie spielten jettlich, auf Ehre«...

Ich wage es nicht, Shakespeare im mindesten zu tadeln, und nur meine Verwunderung möchte ich darüber aussprechen, daß er den Romeo erst eine Leidenschaft für Rosalinde empfinden läßt, ehe er ihn Julien zuführt. Trotzdem, daß er sich der zweiten Liebe ganz hingibt, nistet doch in seiner Seele eine gewisse Skepsis, die sich in ironischen Redensarten kundgibt und nicht selten an Hamlet erinnert. Oder ist die zweite Liebe bei dem Manne die stärkere, eben weil sie als dann mit klarem Selbstbewußtsein gepaart ist? Bei dem Weibe gibt es keine zweite Liebe, seine Natur ist zu zart, als daß sie zweimal das furchtbarste Erdbeben des Gemütes überstehen könnte. Betrachtet Julie. Wäre sie imstande, zum zweiten Male die überschwenglichen Seligkeiten und Schrecknisse zu ertragen, zum zweiten Male, aller Angst Trotz bietend, den schauderhaften Kelch zu leeren? Ich glaube, sie hat genug am ersten Male, diese arme Glückliche, dieses reine Opfer der großen Passion.

Julie liebt zum ersten Male und liebt mit voller Gesundheit des Leibes und der Seele. Sie ist vierzehn Jahre alt, was in Italien soviel gilt wie siebzehn Jahre nordischer Währung. Sie ist eine Rosenknospe, die eben, vor unseren Augen, von Romeos Lippen aufgeküßt ward und sich in jugendlicher Pracht entfaltet. Sie hat weder aus weltlichen noch aus geistlichen Büchern gelernt, was Liebe ist; die Sonne hat es ihr gesagt, und der Mond hat es ihr wiederholt, und wie ein Echo hat es ihr Herz nachgesprochen, als sie sich nächtlich unbelauscht glaubte. Aber Romeo stand unter dem Balkone und hat ihre Reden gehört und nimmt sie beim Wort. Der Charakter ihrer Liebe ist Wahrheit und Gesundheit. Das Mädchen atmet Gesundheit und Wahrheit, und es ist rührend anzuhören, wenn sie sagt:

> Du weißt, die Nacht verschleiert mein Gesicht,
> Sonst färbte Mädchenröte meine Wangen
> Um das, was du vorhin mich sagen hörtest.
> Gern hielt' ich streng auf Sitte, möchte gern
> Verleugnen, was ich sprach: doch weg mit Förmlichkeit!
> Sag, liebst du mich? Ich weiß, du wirst's bejahn,
> Und will dem Worte traun; doch wenn du schwörst,
> So kannst du treulos werden; wie sie sagen,
> Lacht Jupiter des Meineids der Verliebten.
> O holder Romeo! Wenn du mich liebst:
> Sag's ohne Falsch! Doch dächtest du, ich sei
> Zu schnell besiegt, so will ich finster blicken,
> Will widerspenstig sein und nein dir sagen,
> So du dann werben willst: sonst nicht um alles.
> Gewiß, mein Montague, ich bin zu herzlich;
> Du könntest denken, ich sei leichten Sinns.
> Doch glaube, Mann, ich werde treuer sein
> Als sie, die fremd zu tun geschickter sind.
> Auch ich, bekenn ich, hätte fremd getan,
> Wär ich von dir, eh' ich's gewahrte, nicht
> Belauscht in Liebesklagen. Drum vergib!
> Schilt diese Hingebung nicht Flatterliebe,
> Die so die stille Nacht verraten hat.

Desdemona

(Othello)

Ich habe oben beiläufig angedeutet, daß der Charakter des Romeo etwas Hamletisches enthalte. In der Tat, ein nordischer Ernst wirft seine Streifschatten über dieses glühende Gemüt. Vergleicht man Julie mit Desdemona, so wird ebenfalls in jener ein nordisches Element bemerkbar; bei aller Gewalt ihrer Leidenschaft bleibt sie doch immer ihrer selbst bewußt und im klarsten Selbstbewußtsein Herrin ihrer Tat. Julie liebt und denkt und handelt. Desdemona liebt und fühlt und gehorcht, nicht dem eignen Willen, sondern dem stärkern Antrieb. Ihre Vortrefflichkeit besteht darin, daß das Schlechte auf ihre edle Natur keine solche Zwangsmacht ausüben kann wie das Gute. Sie wäre gewiß immer im Palazzo ihres Vaters geblieben, ein schüchternes Kind, den häuslichen Geschäften obliegend; aber die Stimme des Mohren drang in ihr Ohr, und obgleich sie die Augen niederschlug, sah sie doch sein Antlitz in seinen Worten, in seinen Erzählungen oder, wie sie sagt: »in seiner Seele«... und dieses leidende, großmütige, schöne, weiße Seelenantlitz übte auf ihr Herz den unwiderstehlich hinreißenden Zauber. Ja, er hat recht, ihr Vater, Seine Wohlweisheit der Herr Senator Brabantio: eine mächtige Magie war schuld daran, daß sich das bange, zarte Kind zu dem Mohren hingezogen fühlte und jene häßlich schwarze Larve nicht fürchtete, welche der große Haufe für das wirkliche Gesicht Othellos hielt...

Julias Liebe ist tätig, Desdemonas Liebe ist leidend. Sie ist die Sonnenblume, die selber nicht weiß, daß sie immer dem hohen Tagesgestirn ihr Haupt zuwendet. Sie ist die wahre Tochter des Südens, zart, empfindsam, geduldig, wie jene schlanken, großäugigen Frauenlichter, die aus sanskritischen Dichtungen so lieblich, so sanft, so träumerisch hervorstrahlen. Sie mahnt mich immer an die »Sakontala« des Kalidasa, des indischen Shakespeares.

Der englische Kupferstecher, dem wir das vorstehende Bildnis der Desdemona verdanken, hat ihren großen Augen vielleicht einen zu starken Ausdruck von Leidenschaft verliehen. Aber ich glaube bereits angedeutet zu haben, daß der Kontrast des Gesichtes und des Charakters immer einen interessanten Reiz ausübt. Jedenfalls aber ist dieses Gesicht sehr schön, und namentlich dem Schreiber dieser Blätter muß es sehr gefallen, da es ihn an jene hohe Schöne erinnert, die gottlob an seinem eignen Antlitz nie sonderlich gemäkelt hat und dasselbe bis jetzt nur in seiner Seele sah...

540

> Ihr Vater liebte mich, lud oft mich ein.
> Er fragte die Geschichte meines Lebens
> Von Jahr zu Jahr; Belagerungen, Schlachten
> Und jedes Schicksal, das ich überstand.
> Ich lief sie durch, von meinem Knabenalter
> Bis zu dem Augenblick, wo er gebot,
> Sie zu erzählen. Sprechen mußt ich da
> Von höchst unglücklichen Ereignissen,

Von rührendem Geschick zu See und Land,
Wie in der Bresche ich gewissem Tod
Kaum um die Breite eines Haars entwischte;
Wie mich ein trotz'ger Feind gefangennahm,
Der Sklaverei verkaufte; wie ich mich
Daraus gelöst, und die Geschichte dessen,
Wie ich auf meinen Reisen mich benahm.
Von öden Höhlen, unfruchtbaren Wüsten,
Von rauhen Gruben, Felsen, Hügeln, die
Mit ihren Häuptern an den Himmel rühren,
Hatt ich sodann zu sprechen Anlaß, auch
Von Kannibalen, die einander fressen,
Anthropophagen, und dem Volke, dem
Die Köpfe wachsen unter ihren Schultern.
Von solchen Dingen zu vernehmen, zeigte
Bei Desdemona sich sehr große Neigung;
Doch riefen Hausgeschäfte stets sie ab,
Die sie beseitigte mit schnellster Hast;
Kam sie zurück, mit gier'gem Ohr verschlang sie,
Was ich erzählte. Dies bemerkend, nahm
Ich eine weiche Stunde wahr und fand
Gelegne Mittel, ihr aus ernster Brust
Die Bitte zu entwinden: daß ausführlich
Ich schildre ihr die ganze Pilgerschaft,
Von der sie stückweis' etwas wohl gehört,
Doch nicht zusammenhängend. Ich gewährt es,
Und oft hab ich um Tränen sie gebracht,
Wenn ich von harten, traur'gen Schlägen sprach,
Die meine Jugend trafen! Auserzählt,
Lohnt eine Welt voll Seufzer meine Müh'.
Sie schwor: In Wahrheit! seltsam, mehr als seltsam!
Und kläglich sei es, kläglich wundersam!
Sie wünschte, daß sie nichts davon gehört,
Und wünschte doch, daß sie der Himmel auch
Zu solchem Mann gemacht. Sie dankte mir
Und bat, wofern ein Freund von mir sie liebe,
Ihn nur zu lehren, wie er die Geschichte
Von meinem Leben müss' erzählen.

Dann werb' er sie. Ich sprach auf diesen Wink:
Sie liebe mich, weil ich Gefahr bestand,
Und weil sie mich bedaure, lieb' ich sie.

Dieses Trauerspiel soll eine der letzten Arbeiten Shakespeares gewesen sein, wie »Titus Andronicus« für sein Erstlingswerk erklärt wird. Dort wie hier ist die Leidenschaft einer schönen Frau zu einem häßlichen Mohren mit Vorliebe behandelt. Der reife Mann kehrte wieder zurück zu einem Problem, das einst seine Jugend beschäftigte. Hat er jetzt wirklich die Lösung gefunden? Ist diese Lösung ebenso wahr als schön? Eine düstre Trauer erfaßt mich manchmal, wenn ich dem Gedanken Raum gebe, daß vielleicht der ehrliche Jago, mit seinen bösen Glossen über die Liebe Desdemonas zu dem Mohren, nicht ganz unrecht haben mag. Am allerwiderwärtigsten aber berühren mich Othellos Bemerkungen über die feuchten Hände seiner Gattin.

Ein ebenso abenteuerliches und bedeutsames Beispiel der Liebe zu einem Mohren, wie wir in »Titus Andronicus« und »Othello« sehen, findet man in »Tausendundeine Nacht«, wo eine schöne Fürstin, die zugleich eine Zauberin ist, ihren Gemahl in einer statuenähnlichen Starrheit gefesselt hält und ihn täglich mit Ruten schlägt, weil er ihren Geliebten, einen häßlichen Neger, getötet hat. Herzzerreißend sind die Klagetöne der Fürstin am Lager der schwarzen Leiche, die sie durch ihre Zauberkunst in einer Art von Scheinleben zu erhalten weiß und mit verzweiflungsvollen Küssen bedeckt und durch einen noch großem Zauber, durch die Liebe, aus dem dämmernden Halbtode zu voller Lebenswahrheit erwecken möchte. Schon als Knabe frappierte mich in den arabischen Märchen dieses Bild leidenschaftlicher und unbegreiflicher Liebe.

Jessica

(Kaufmann von Venedig)

Als ich dieses Stück in Drurylane aufführen sah, stand hinter mir, in der Loge, eine schöne blasse Britin, welche am Ende des vierten Aktes heftig weinte und mehrmals ausrief: »The poor man is wronged!« (Dem armen Mann geschieht Unrecht!) Es war ein Gesicht vom edelsten griechischen Schnitt, und die Augen waren groß und schwarz. Ich habe sie nie vergessen können, diese großen und schwarzen Augen, welche um Shylock geweint haben!

Wenn ich aber an jene Tränen denke, so muß ich den »Kaufmann von Venedig« zu den Tragödien rechnen, obgleich der Rahmen des Stückes von den heitersten Masken, Satyrbildern und Amoretten verziert ist und auch der Dichter eigentlich ein Lustspiel geben wollte. Shakespeare hegte vielleicht die Absicht, zur Ergötzung des großen Haufens einen gedrillten Werwolf darzustellen, ein verhaßtes Fabelgeschöpf, das nach Blut lechzt und dabei seine Tochter und seine Dukaten einbüßt und obendrein verspottet wird. Aber der Genius des Dichters, der Weltgeist, der in ihm waltet, steht immer höher als sein Privatwille, und so geschah es, daß er in Shylock, trotz der grellen Fratzenhaftigkeit, die Justifikation einer unglücklichen Sekte aussprach, welche von der Vorsehung, aus geheimnisvollen Gründen, mit dem Haß des niedern und vornehmen Pöbels belastet worden und diesen Haß nicht immer mit Liebe vergelten wollte.

Aber was sag ich? Der Genius des Shakespeare erhebt sich noch über den Kleinhader zweier Glaubensparteien, und sein Drama zeigt uns eigentlich weder Juden noch Christen, sondern Unterdrücker und Unterdrückte und das wahnsinnig schmerzliche Aufjauchzen dieser letztern, wenn sie ihren übermutigen Quälern die zugefügten Kränkungen mit Zinsen zurückzahlen können. Von Religionsverschiedenheit ist in diesem Stücke nicht die geringste Spur, und Shakespeare zeigt in Shylock nur einen Menschen, dem die Natur gebietet, seinen Feind zu hassen, wie er in Antonio und dessen Freunden keineswegs die Jünger jener göttlichen Lehre schildert, die uns befiehlt, unsere Feinde zu lieben. Wenn Shylock dem Manne, der von ihm Geld borgen will, folgende Worte sagt:

> Signor Antonio, viel und oftermals
> Habt Ihr auf dem Rialto mich geschmäht
> Um meine Gelder und um meine Zinsen;
> Stets trug ich's mit geduld'gem Achselzucken,
> Denn Dulden ist das Erbteil unsers Stamms,
> Ihr scheltet mich abtrünnig, einen Bluthund,
> Und speit auf meinen jüdischen Rockelor,
> Und alles, weil ich nutz, was mir gehört.
> Gut denn, nun zeigt sichs, Ihr braucht meine Hülfe:
> Ei freilich ja, Ihr kommt zu mir, Ihr sprecht:
> »Shylock, wir wünschten Gelder.« So sprecht Ihr,

>   Der mir den Auswurf auf den Bart geleert
>   Und mich getreten, wie Ihr von der Schwelle
>   Den fremden Hund stoßt; Geld ist Eu'r Begehren.
>   Wie sollt ich sprechen nun? Sollt ich nicht sprechen:
>   »Hat ein Hund Geld? Ist's möglich, daß ein Spitz
>   Dreitausend Dukaten leihn kann?« Oder soll ich
>   Mich bücken und in eines Schuldners Ton,
>   Demütig wispernd, mit verhaltnem Odem,
>   So sprechen: »Schöner Herr, am letzten Mittwoch
>   Spiet Ihr mich an, Ihr tratet mich den Tag;
>   Ein andermal hießt Ihr mich einen Hund:
>   Für diese Höflichkeiten will ich Euch
>   Die und die Gelder leihn.«

Da antwortet Antonio:

>   Ich könnte leichtlich wieder dich so nennen,
>   Dich wieder anspein, ja mit Füßen treten. –

Wo steckt da die christliche Liebe! Wahrlich, Shakespeare würde eine Satire auf das Christentum gemacht haben, wenn er es von jenen Personen repräsentieren ließe, die dem Shylock feindlich gegenüberstehen, aber dennoch kaum wert sind, demselben die Schuhriemen zu lösen. Der bankrotte Antonio ist ein weichliches Gemüt ohne Energie, ohne Stärke des Hasses und also auch ohne Stärke der Liebe, ein trübes Wurmherz, dessen Fleisch wirklich zu nichts Besserm taugt, als »Fische damit zu angeln«. Die abgeborgten dreitausend Dukaten stattet er übrigens dem geprellten Juden keineswegs zurück. Auch Bassanio gibt ihm das Geld nicht wieder, und dieser ist ein echter fortune-hunter, nach dem Ausdruck eines englischen Kritikers; er borgt Geld, um sich etwas prächtig herauszustaffieren und eine reiche Heirat, einen fetten Brautschatz zu erbeuten; denn, sagt er zu seinem Freunde:

>   Euch ist nicht unbekannt, Antonio,
>   Wie sehr ich meinen Glücksstand hab erschöpft,
>   Indem ich glänzender mich eingerichtet,
>   Als meine schwachen Mittel tragen konnten.
>   Auch jammr' ich jetzt nicht, daß die große Art

Mir untersagt ist; meine Sorg' ist bloß,
Mit Ehren von den Schulden loszukommen,
Worin mein Leben, etwas zu verschwendrisch,
Mich hat verstrickt. – –

Was gar den Lorenzo betrifft, so ist er der Mitschuldige eines der infamsten Hausdiebstahle, und nach dem preußischen Landrecht würde er zu fünfzehn Jahre Zuchthaus verurteilt und gebrandmarkt und an den Pranger gestellt werden; obgleich er nicht bloß für gestohlene Dukaten und Juwelen, sondern auch für Naturschönheiten, Landschaften im Mondlicht und für Musik sehr empfänglich ist. Was die andern edlen Venezianer betrifft, die wir als Gefährten des Antonio auftreten sehen, so scheinen sie ebenfalls das Geld nicht sehr zu hassen, und für ihren armen Freund, wenn er ins Unglück geraten, haben sie nichts als Worte, gemünzte Luft. Unser guter Pietist Franz Horn macht hierüber folgende sehr wäßrige, aber ganz richtige Bemerkung: »Hier ist nun billig die Frage aufzuwerfen: Wie war es möglich, daß es mit Antonios Unglück soweit kam? Ganz Venedig kannte und schätzte ihn, seine guten Bekannten wußten genau um die furchtbare Verschreibung und daß der Jude auch nicht einen Punkt derselben würde auslöschen lassen. Dennoch lassen sie einen Tag nach dem andern verstreichen, bis endlich die drei Monate vorüber sind und mit denselben jede Hoffnung auf Rettung. Es würde jenen guten Freunden, deren der königliche Kaufmann ja ganze Scharen um sich zu haben scheint, doch wohl ziemlich leicht geworden sein, die Summe von dreitausend Dukaten zusammenzubringen, um ein Menschenleben – und welch eines! – zu retten; aber dergleichen ist denn doch immer ein wenig unbequem, und so tun die lieben guten Freunde, eben weil es nur sogenannte Freunde oder, wenn man will, halbe oder dreiviertel Freunde sind – nichts und wieder nichts und gar nichts. Sie bedauern den vortrefflichen Kaufmann, der ihnen früher so schöne Feste veranstaltet hat, ungemein, aber mit gehöriger Bequemlichkeit, schelten, was nur das Herz und die Zunge vermag, auf Shylock, was gleichfalls ohne alle Gefahr geschehen kann, und meinen dann vermutlich alle, ihre Freundschaftspflicht erfüllt zu haben. Sosehr wir Shylock hassen müssen, so würden wir doch selbst ihm nicht verdenken können, wenn er diese Leute ein wenig verachtete, was er denn auch wohl tun mag. Ja, er scheint zuletzt auch den Graziano, den Abwesenheit entschuldiget, mit jenen zu verwechseln und in eine Klasse zu werfen, wenn er die frühere Tatlosigkeit und jetzige Wortfülle mit der schneidenden Antwort abfertigt:

> Bis du von meinem Schein das Siegel wegschiltst,
> Tust du mit Schrein nur deiner Lunge weh.
> Stell deinen Witz her, guter junger Mensch,
> Sonst fällt er rettungslos in Trümmern dir.
> Ich stehe hier um Recht.«

Oder sollte etwa gar Lanzelot Gobbo als Repräsentant des Christentums gelten? Sonderbar genug, hat sich Shakespeare über letzteres nirgends so bestimmt geäußert wie in einem Gespräche, das dieser Schalk mit seiner Gebieterin führt. Auf Jessicas Äußerung:

> Ich werde durch meinen Mann selig werden, er hat mich zu einer Christin gemacht,

antwortet Lanzelot Gobbo:

> Wahrhaftig, da ist er sehr zu tadeln. Es gab unser vorher schon Christen genug, grade so viele, als nebeneinander gut bestehen konnten. Dies Christenmachen wird den Preis der Schweine steigern; wenn wir alle Schweinefleischesser werden, so ist in kurzem kein Schnittchen Speck in der Pfanne für Geld mehr zu haben.

Wahrlich, mit Ausnahme Porzias ist Shylock die respektabelste Person im ganzen Stück. Er liebt das Geld, er verschweigt nicht diese Liebe, er schreit sie aus, auf öffentlichem Markte... Aber es gibt etwas, was er dennoch höher schätzt als Geld, nämlich die Genugtuung für sein beleidigtes Herz, die gerechte Wiedervergeltung unsäglicher Schmähungen; und obgleich man ihm die erborgte Summe zehnfach anbietet, er schlägt sie aus, und die dreitausend, die zehnmal dreitausend Dukaten gereuen ihn nicht, wenn er ein Pfund Herzfleisch seines Feindes damit erkaufen kann. »Was willst du mit diesem Fleische?« fragte ihn Salario. Und er antwortet:

> Fisch' mit zu angeln. Sättigt es sonst niemanden, so sättigt es doch meine Rache. Er hat mich beschimpft, mir eine halbe Million gehin-

dert, meinen Verlust belacht, meinen Gewinn bespottet, mein Volk geschmäht, meinen Handel gekreuzt, meine Freunde verleitet, meine Feinde gehetzt. Und was hat er für Grund? Ich bin ein Jude. Hat nicht ein Jude Augen? Hat nicht ein Jude Hände, Gliedmaßen, Werkzeuge, Sinne, Neigungen, Leidenschaften? Mit derselben Speise genährt, mit denselben Waffen verletzt, denselben Krankheiten unterworfen, mit denselben Mitteln geheilt, gewärmt und gekältet von ebendem Winter und Sommer, als ein Christ? Wenn ihr uns stecht, bluten wir nicht? Wenn ihr uns kitzelt, lachen wir nicht? Wenn ihr uns vergiftet, sterben wir nicht? Und wenn ihr uns beleidigt, sollen wir uns nicht rächen? Sind wir euch in allen Dingen ähnlich, so wollen wir's euch auch darin gleichtun. Wenn ein Jude einen Christen beleidigt, was ist seine Demut? Rache. Wenn ein Christ einen Juden beleidigt, was muß seine Geduld sein nach christlichem Vorbild? Nu, Rache. Die Bosheit, die ihr mich lehrt, die will ich ausüben, und es muß schlimm hergehn, oder ich will es meinen Meistern zuvortun.

Nein, Shylock liebt zwar das Geld, aber es gibt Dinge, die er noch weit mehr liebt, unter andern auch seine Tochter, »Jessica, mein Kind«. Obgleich er in der höchsten Leidenschaft des Zorns sie verwünscht und tot zu seinen Füßen liegen sehen möchte, mit den Juwelen in den Ohren, mit den Dukaten im Sarg, so liebt er sie doch mehr als alle Dukaten und Juwelen. Aus dem öffentlichen Leben, aus der christlichen Sozietät zurückgedrängt in die enge Umfriedung häuslichen Glückes, blieben ja dem armen Juden nur die Familiengefühle, und diese treten bei ihm hervor mit der rührendsten Innigkeit. Den Türkis, den Ring, den ihm einst seine Gattin, seine Lea, geschenkt, er hätte ihn nicht »für einen Wald von Affen« hingegeben. Wenn in der Gerichtsszene Bassanio folgende Worte zum Antonio spricht:

> Ich hab ein Weib zur Ehe, und sie ist
> So lieb mir als mein Leben selbst, doch gilt
> Sie höher als dein Leben nicht bei mir.
> Ich gäbe alles hin, ja opfert' alles,
> Das Leben selbst, mein Weib und alle Welt,
> Dem Teufel da, um dich nur zu befrein.

Wenn Graziano ebenfalls hinzusetzt:

> Ich hab ein Weib, die ich, auf Ehre, liebe;
> Doch wünscht ich sie im Himmel, könnt sie Mächte
> Dort flehn, den hünd'schen Juden zu erweichen,

dann regt sich in Shylock die Angst ob dem Schicksal seiner Tochter, die unter Menschen, welche ihre Weiber aufopfern könnten für ihre Freunde, sich verheuratet hat, und nicht laut, sondern »beiseite« sagt er zu sich selber:

> So sind die Christenmänner: ich hab 'ne Tochter,
> Wär irgendwer vom Stamm des Barrabas
> Ihr Mann geworden, lieber als ein Christ! –

Diese Stelle, dieses leise Wort, begründet das Verdammungsurteil, welches wir über die schöne Jessica aussprechen müssen. Es war kein liebloser Vater, den sie verließ, den sie beraubte, den sie verriet... Schändlicher Verrat! Sie macht sogar gemeinschaftliche Sache mit den Feinden Shylocks, und wenn diese zu Belmont allerlei Mißreden über ihn führen, schlägt Jessica nicht die Augen nieder, erbleichen nicht die Lippen Jessicas, sondern Jessica spricht von ihrem Vater das Schlimmste... Entsetzlicher Frevel! Sie hat kein Gemüt, sondern abenteuerlichen Sinn. Sie langweilte sich in dem streng verschlossenen »ehrbaren« Hause des bittermütigen Juden, das ihr endlich eine Hölle dünkte. Das leichtfertige Herz ward allzusehr angezogen von den heiteren Tönen der Trommel und der quergehalsten Pfeife. Hat Shakespeare hier eine Jüdin schildern wollen? Wahrlich nein; er schildert nur eine Tochter Evas, einen jener schönen Vögel, die, wenn sie flügge geworden, aus dem väterlichen Neste fortflattern zu den geliebten Männchen. So folgte Desdemona dem Mohren, so Imogen dem Posthumus. Das ist weibliche Sitte. Bei Jessica ist besonders bemerkbar eine gewisse zagende Scham, die sie nicht überwinden kann, wenn sie Knabentracht anlegen soll. Vielleicht in diesem Zuge möchte man jene sonderbare Keuschheit erkennen, die ihrem Stamme eigen ist und den Töchtern desselben einen so wunderbaren Liebreiz verleiht. Die Keuschheit der Juden ist vielleicht die Folge einer Opposition, die sie von jeher gegen jenen orientalischen Sinnen- und Sinnlichkeitsdienst bildeten, der einst bei ihren Nachbaren, den Ägyptern, Phöniziern, Assyrern und Babyloniern, in üppigster Blüte stand und sich, in beständiger Transformation, bis auf heutigen Tag erhalten hat. Die Juden sind ein keusches, enthaltsames, ich möchte fast sagen abstraktes Volk, und in der Sittenreinheit stehen sie am nächsten den germanischen Stämmen. Die Züchtigkeit der Frauen bei Juden und Germanen ist vielleicht von keinem absoluten Werte, aber in ihrer Erscheinung macht sie den lieblichsten, anmutigsten und rührendsten Eindruck. Rührend bis zum Weinen ist es, wenn z.B. nach der Niederlage der Zimbern und Teutonen die Frauen derselben den Marius anflehen, sie nicht seinen Soldaten, sondern den Priesterinnen der Vesta als Sklavinnen zu übergeben.

Es ist in der Tat auffallend, welche innige Wahlverwandtschaft zwischen den beiden Völkern der Sittlichkeit, den Juden und Germanen, herrscht. Diese Wahlverwandtschaft entstand nicht auf historischem Wege, weil etwa die große Familienchronik der Juden, die Bibel, der ganzen germanischen Welt als Erziehungsbuch diente, auch nicht, weil Juden und Germanen von früh an die unerbittlichsten Feinde der Römer und also natürliche Bundesgenossen waren: sie hat einen tiefern Grund, und beide Völker sind sich ursprünglich so ähnlich, daß man das ehemalige Palästina für ein orientalisches Deutschland ansehen könnte, wie man das heutige Deutschland für die Heimat des heiligen Wortes, für den Mutterboden des Prophetentums, für die Burg der reinen Geistheit halten sollte.

Aber nicht bloß Deutschland trägt die Physiognomie Palästinas, sondern auch das übrige Europa erhebt sich zu den Juden. Ich sage erhebt sich, denn die Juden trugen schon im Beginne das moderne Prinzip in sich, welches sich heute erst bei den europäischen Völkern sichtbar entfaltet.

550

Griechen und Römer hingen begeistert an dem Boden, an dem Vaterlande. Die spätern nordischen Einwanderer in die Römer- und Griechenwelt hingen an der Person ihrer Häuptlinge, und an die Stelle des antiken Patriotismus trat im Mittelalter die Vasallentreue, die Anhänglichkeit an die Fürsten. Die Juden aber, von jeher, hingen nur an dem Gesetz, an dem abstrakten Gedanken, wie unsere neueren kosmopolitischen Republikaner, die weder das Geburtsland noch die Person des Fürsten, sondern die Gesetze als das Höchste achten. Ja, der Kosmopolitismus ist ganz eigentlich dem Boden Judäas entsprossen, und Christus, der, trotz dem Mißmute des früher erwähnten Hamburger Spezereihändlers, ein wirklicher Jude war, hat ganz eigentlich eine

Propaganda des Weltbürgertums gestiftet. Was den Republikanismus der Juden betrifft, so erinnere ich mich, im Josephus gelesen zu haben, daß es zu Jerusalem Republikaner gab, die sich den königlich gesinnten Herodianern entgegensetzten, am mutigsten fochten, niemanden den Namen »Herr« gaben und den römischen Absolutismus aufs ingrimmigste haßten; Freiheit und Gleichheit war ihre Religion. Welcher Wahn!

Was ist aber der letzte Grund jenes Hasses, den wir in Europa zwischen den Anhängern der mosaischen Gesetze und der Lehre Christi bis auf heutigen Tag gewahren und wovon uns der Dichter, indem er das Allgemeine im Besondern veranschaulichte, im »Kaufmann von Venedig« ein schauerliches Bild geliefert hat? Ist es der ursprüngliche Bruderhaß, den wir schon gleich nach Erschaffung der Welt, ob der Verschiedenheit des Gottesdienstes, zwischen Kain und Abel entlodern sehen? Oder ist die Religion überhaupt nur Vorwand, und die Menschen hassen sich, um sich zu hassen, wie sie sich lieben, um sich zu lieben? Auf welcher Seite ist die Schuld bei diesem Groll? Ich kann nicht umhin, zur Beantwortung dieser Frage eine Stelle aus einem Privatbriefe mitzuteilen, die auch die Gegner Shylocks justifiziert:

»Ich verdamme nicht den Haß, womit das gemeine Volk die Juden verfolgt; ich verdamme nur die unglückseligen Irrtümer, die jenen Haß erzeugten. Das Volk hat immer recht in der Sache, seinem Hasse wie seiner Liebe liegt immer ein ganz richtiger Instinkt zugrunde, nur weiß es nicht seine Empfindungen richtig zu formulieren, und statt der Sache trifft sein Groll gewöhnlich die Person, den unschuldigen Sündenbock zeitlicher und örtlicher Mißverhältnisse. Das Volk leidet Mangel, es fehlen ihm die Mittel zum Lebensgenuß, und obgleich ihm die Priester der Staatsreligion versichern, ›daß man auf Erden sei, um zu entbehren und trotz Hunger und Durst der Obrigkeit zu gehorchen‹ – so hat doch das Volk eine geheime Sehnsucht nach den Mitteln des Genusses, und es haßt diejenigen, in deren Kisten und Kasten dergleichen aufgespeichert liegt; es haßt die Reichen und ist froh, wenn ihm die Religion erlaubt, sich diesem Hasse mit vollem Gemüte hinzugeben. Das gemeine Volk haßte in den Juden immer nur die Geldbesitzer, es war immer das aufgehäufte Metall, welches die Blitze seines Zornes auf die Juden herabzog. Der jedesweilige Zeitgeist lieh nun immer jenem Hasse seine Parole. Im Mittelalter trug diese Parole die düstre Farbe der katholischen Kirche, und man schlug die Juden tot und plünderte ihre Häuser:

›weil sie Christus gekreuzigt‹ – ganz mit derselben Logik, wie auf St. Domingo einige schwarze Christen, zur Zeit der Massacre, mit einem Bilde des gekreuzigten Heilands herumliefen und fanatisch schrien: ›Les blancs l'ont tué, tuons tous les blancs.‹

Mein Freund, Sie lachen über die armen Neger; ich versichere Sie, die westindischen Pflanzer lachten damals nicht und wurden niedergemetzelt, zur Sühne Christi, wie einige Jahrhunderte früher die europäischen Juden. Aber die schwarzen Christen auf St. Domingo hatten in der Sache ebenfalls recht! die Weißen lebten müßig in der Fülle aller Genüsse, während der Neger im Schweiße seines schwarzen Angesichts für sie arbeiten mußte und zum Lohne nur ein bißchen Reismehl und sehr viele Peitschenhiebe erhielt; die Schwarzen waren das gemeine Volk. –

Wir leben nicht mehr im Mittelalter, auch das gemeine Volk wird aufgeklärter, schlägt die Juden nicht mehr auf einmal tot und beschönigt seinen Haß nicht mehr mit der Religion; unsere Zeit ist nicht mehr so naiv glaubensheiß, der traditionelle Groll kleidet sich in modernen Redensarten, und der Pöbel in den Bierstuben wie in den Deputiertenkammern deklamiert wider die Juden mit merkantilischen, industriellen, wissenschaftlichen oder gar philosophischen Argumenten. Nur abgefeimte Heuchler geben noch heute ihrem Haß eine religiöse Färbung und verfolgen die Juden um Christi willen; die große Menge gesteht offenherzig, daß hier materielle Interessen zugrunde liegen, und sie will den Juden durch alle möglichen Mittel die Ausübung ihrer industriellen Fähigkeiten erschweren. Hier in Frankfurt z.B. dürfen jährlich nur vierundzwanzig Bekenner des mosaischen Glaubens heuraten, damit ihre Population nicht zunimmt und für die christlichen Handelsleute keine allzu starke Konkurrenz erzeugt wird. Hier tritt der wirkliche Grund des Judenhasses mit seinem wahren Gesichte hervor, und dieses Gesicht trägt keine düster fanatische Mönchsmiene, sondern die schlaffen, aufgeklärten Züge eines Krämers, der sich ängstigt, im Handel und Wandel von dem israelitischen Geschäftsgeist überflügelt zu werden.

Aber ist es die Schuld der Juden, daß sich dieser Geschäftsgeist bei ihnen so bedrohlich entwickelt hat? Die Schuld liegt ganz an jenem Wahnsinn, womit man im Mittelalter die Bedeutung der Industrie verkannte, den Handel als etwas Unedles und gar die Geldgeschäfte als etwas Schimpfliches betrachtete und deshalb den einträglichsten

Teil solcher Industriezweige, namentlich die Geldgeschäfte, in die Hände der Juden gab; so daß diese, ausgeschlossen von allen anderen Gewerben, notwendigerweise die raffiniertesten Kaufleute und Bankiers werden mußten. Man zwang sie, reich zu werden, und haßte sie dann wegen ihres Reichtums; und obgleich jetzt die Christenheit ihre Vorurteile gegen die Industrie aufgegeben hat und die Christen in Handel und Gewerb' ebenso große Spitzbuben und ebenso reich wie die Juden geworden sind, so ist dennoch an diesen letztern der traditionelle Volkshaß haftengeblieben, das Volk sieht in ihnen noch immer die Repräsentanten des Geldbesitzes und haßt sie. Sehen Sie, in der Weltgeschichte hat jeder recht, sowohl der Hammer als der Amboß.«

Porzia

(Kaufmann von Venedig)

»Wahrscheinlich wurden alle Kunstrichter von Shylocks erstaunlichem Charakter so geblendet und gefangen, daß sie ihrerseits Porzia ihr Recht nicht widerfahren ließen, da doch ausgemacht Shylocks Charakter in seiner Art nicht kunstreicher noch vollendeter ist als Porzias in der ihrigen. Die zwei glänzenden Figuren sind beide ehrenwert: wert, zusammen in dem reichen Bann bezaubernder Dichtung und prachtvoller, anmutiger Formen zu stehen. Neben dem schrecklichen, unerbittlichen

Juden, gegen seine gewaltigen Schatten durch ihre Glanzlichter abstechend, hängt sie wie ein prächtiger, schönheitatmender Tizian neben einem herrlichen Rembrandt.

Porzia hat ihr gehöriges Teil von den angenehmen Eigenschäften, die Shakespeare über viele seiner weiblichen Charaktere ausgegossen, neben der Würde aber, der Süßigkeit und Zärtlichkeit, welche ihr Geschlecht überhaupt auszeichnen, auch noch ganz eigentümliche, besondere Gaben: hohe geistige Kraft, begeisterte Stimmung, entschiedene Festigkeit und allem obschwebende Munterkeit. Diese sind angeboren; sie hat aber noch andere ausgezeichnete äußerlichere Eigenschaften, die aus ihrer Stellung und ihren Bezügen hervorgehen. So ist sie Erbin eines fürstlichen Namens und unberechenbaren Reichtums; ein Gefolg' dienstwilliger Lustbarkeiten hat sie stets umgeben; von Kindheit an hat sie eine mit Wohlgerüchen und Schmeicheldüften durchwürzte Luft geatmet. Daher eine gebieterische Anmut, eine vornehme, hehre Zierlichkeit, ein Geist der Pracht in allem, was sie tut und sagt, als die von Geburt an mit dem Glänze Vertraute. Sie wandelt einher wie in Marmorpalästen, unter goldverzierten Decken, auf Fußböden von Zeder und Mosaiken von Jaspis und Porphyr, in Gärten mit Standbildern, Blumen und Quellen und geisterartig flüsternder Musik. Sie ist voll eindringender Weisheit, unverfälschter Zärtlichkeit und lebhaften Witzes. Da sie aber nie Mangel, Gram, Furcht oder Mißerfolg gekannt, so hat ihre Weisheit keinen Zug von Düsterheit oder Trübheit; all ihre Regungen sind mit Glauben, Hoffnung, Freude versetzt, und ihr Witz ist nicht im mindesten böswillig oder beißend.«

Obige Worte entlehne ich einem Werke der Frau Jameson, welches »Moralische, poetische und historische Frauencharaktere« betitelt. Es ist in diesem Buche nur von Shakespeareschen Weibern die Rede, und die angeführte Stelle zeugt von dem Geiste der Verfasserin, die wahrscheinlich von Geburt eine Schottin ist. Was sie über Porzia im Gegensatz zu Shylock sagt, ist nicht bloß schön, sondern auch wahr. Wollen wir letzteren, in üblicher Auffassung, als den Repräsentanten des starren, ernsten, kunstfeindlichen Judäas betrachten, so erscheint uns dagegen Porzia als die Repräsentantin jener Nachblüte des griechischen Geistes, welche von Italien aus, im sechzehnten Jahrhundert, ihren holden Duft über die Welt verbreitete und welche wir noch heute unter dem Namen »die Renaissance« lieben und schätzen. Porzia ist zugleich die Repräsentantin des heitern Glückes im Gegensatze zu dem düstern Mißge-

115

schick, welches Shylock repräsentiert. Wie blühend, wie rosig, wie reinklingend ist all ihr Denken und Sprechen, wie freudewarm sind ihre Worte, wie schön alle ihre Bilder, die meistens der Mythologie entlehnt sind! Wie trübe, kneifend und häßlich sind dagegen die Gedanken und Reden des Shylock, der im Gegenteil nur alttestamentalische Gleichnisse gebraucht! Sein Witz ist krampfhaft und ätzend, seine Metaphern sucht er unter den widerwärtigsten Gegenständen, und sogar seine Worte sind zusammengequetschte Mißlaute, schrill, zischend und quirrend. Wie die Personen, so ihre Wohnungen. Wenn wir sehen, wie der Diener Jehovas, der weder ein Abbild Gottes noch des Menschen, des erschaffenen Konterfei Gottes, in seinem »ehrbaren Hause« duldet und sogar die Ohren desselben, die Fenster, verstopft, damit die Töne des heidnischen Mummenschanz nicht hineindringen in sein »ehrbares Haus«... so sehen wir im Gegenteil das kostbarste und geschmackvollste Villeggiaturaleben in dem schönen Palazzo zu Belmont, wo lauter Licht und Musik, wo unter Gemälden, marmornen Statuen und hohen Lorbeerbäumen die geschmückten Freier lustwandeln und über Liebesrätsel sinnen und inmitten aller Herrlichkeit Signora Porzia, gleich einer Göttin, hervorglänzt,

Das sonnige Haar die Schläf' umwallend.

Durch solchen Kontrast werden die beiden Hauptpersonen des Dramas so individualisiert, daß man darauf schwören möchte, es seien nicht Phantasiebilder eines Dichters, sondern wirkliche, weibgeborene Menschen. Ja, sie erscheinen uns noch lebendiger als die gewöhnlichen Naturgeschöpfe, da weder Zeit noch Tod ihnen etwas anhaben kann und in ihren Adern das unsterblichste Blut, die ewige Poesie, pulsiert. Wenn du nach Venedig kommst und den Dogenpalast durchwandelst, so weißt du sehr gut, daß du weder im Saal der Senatoren noch auf der Riesentreppe dem Marino Falieri begegnen wirst; – an den alten Dandolo wirst du im Arsenale zwar erinnert, aber auf keiner der goldenen Galeeren wirst du den blinden Helden suchen; – siehst du an einer Ecke der Straße Santa eine Schlange in Stein gehauen und an der andern Ecke den geflügelten Löwen, welcher das Haupt der Schlange in der Tatze hält, so kömmt dir vielleicht der stolze Carmagnole in den Sinn, doch nur auf einen Augenblick! – Aber weit mehr als an alle solche historische Personen denkst du zu Venedig an Shakespeares Shylock, der immer noch lebt, während jene im Grabe längst vermodert sind – und wenn du über den Rialto steigst, so sucht ihn dein Auge überall, und du meinst, er müsse dort hinter irgendeinem Pfeiler zu finden sein, mit seinem jüdischen Rockelor, mit seinem mißtrauisch berechnenden Gesicht, und du glaubst manchmal sogar seine kreischende Stimme zu hören: »Dreitausend Dukaten – gut.«

Ich wenigstens, wandelnder Traumjäger, wie ich bin, ich sah mich auf dem Rialto überall um, ob ich ihn irgend fände, den Shylock. Ich hätte ihm etwas mitzuteilen gehabt, was ihm Vergnügen machen konnte, daß z.B. sein Vetter, Herr von Shylock zu Paris, der mächtigste Baron der Christenheit geworden und von Ihrer Katholischen Majestät jenen Isabellenorden erhalten hat, welcher einst gestiftet ward, um die Vertreibung der Juden und Mauren aus Spanien zu verherrlichen. Aber ich bemerkte ihn nirgends auf dem Rialto, und ich entschloß mich daher, den alten Bekannten in der Synagoge zu suchen. Die Juden feierten hier eben ihren heiligen Versöhnungstag und standen eingewickelt in ihren weißen Schaufädentalaren, mit unheimlichen Kopfbewegungen, fast aussehend wie eine Versammlung von Gespenstern. Die armen Juden, sie standen dort, fastend und betend, von frühestem Morgen, hatten seit dem Vorabend weder Speise noch Trank zu sich genommen und hatten auch vorher alle ihre Bekannten um Verzeihung gebeten für etwanige Beleidigungen, die sie ihnen im Laufe des Jahres zugefügt, damit ihnen Gott ebenfalls ihre Sünden verzeihe – ein schöner Gebrauch, welcher sich sonderbarerweise bei diesen Leuten findet, denen doch die Lehre Christi ganz fremd geblieben ist!

Indem ich, nach dem alten Shylock umherspähend, all die blassen, leidenden Judengesichter aufmerksam musterte, machte ich eine Entdeckung, die ich leider nicht verschweigen kann. Ich hatte nämlich denselben Tag das Irrenhaus San Carlo besucht, und jetzt, in der Synagoge, fiel es mir auf, daß in dem Blick der Juden derselbe fatale, halb stiere, halb unstete, halb pfiffige, halb blöde Glanz flimmerte, welchen ich kurz vorher in den Augen der Wahnsinnigen zu San Carlo bemerkt hatte. Dieser unbeschreibliche, rätselhafte Blick zeugte nicht eigentlich von Geistesabwesenheit als vielmehr von der Oberherrschaft einer fixen Idee. Ist etwa der Glaube an jenen außerweltlichen Donnergott, den Moses aussprach, zur fixen Idee eines ganzen Volks geworden, das, trotzdem daß man es seit zwei Jahrtausenden in die Zwangsjacke steckte und ihm die Douche gab, dennoch nicht davon ablassen will – gleich jenem verrückten Advokaten, den ich in San Carlo sah und der sich ebenfalls nicht ausreden ließ, daß die Sonne ein englischer Käse sei, daß die Strahlen derselben aus lauter roten Würmern bestünden und daß ihm ein solcher herabgeschossener Wurmstrahl das Hirn zerfresse?

Ich will hiermit keineswegs den Wert jener fixen Idee bestreiten, sondern ich will nur sagen, daß die Träger derselben zu schwach sind, um sie zu beherrschen, und davon niedergedrückt und inkurabel werden. Welches Martyrium haben sie schon um dieser Idee willen erduldet! welches größere Martyrtum steht ihnen noch bevor! Ich schaudre bei diesem Gedanken, und ein unendliches Mitleid rieselt mir durchs Herz. Während des ganzen Mittelalters bis zum heutigen Tag stand die herrschende Weltanschauung nicht in direktem Widerspruch mit jener Idee, die Moses den Juden aufgebürdet, ihnen mit heiligen Riemen angeschnallt, ihnen ins Fleisch eingeschnitten hatte; ja, von Christen und Mahometanern unterschieden sie sich nicht wesentlich, unterschieden sie sich nicht durch eine entgegengesetzte Synthese, sondern nur durch Auslegung und Schibboleth. Aber siegt einst Satan, der sündhafte Pantheismus, vor welchem uns sowohl alle Heiligen des Alten und des Neuen Testaments als auch des Korans bewahren mögen, so zieht sich über die Häupter der armen Juden ein Verfolgungsgewitter, das ihre früheren Erduldungen noch weit überbieten wird...

Trotzdem daß ich in der Synagoge von Venedig nach allen Seiten umherspähete, konnte ich das Antlitz des Shylocks nirgends erblicken. Und doch war es mir, als halte er sich dort verborgen, unter irgendeinem jener weißen Talare, inbrünstiger betend als seine übrigen Glaubensgenossen, mit stürmischer Wildheit, ja mit Raserei hinaufbetend zum Throne Jehovas, des harten Gottkönigs! Ich sah ihn nicht. Aber gegen Abend, wo, nach dem Glauben der Juden, die Pforten des Himmels geschlossen werden und kein Gebet mehr Einlaß erhält, hörte ich eine Stimme, worin Tränen rieselten, wie sie nie mit den Augen geweint werden... Es war ein Schluchzen, das einen Stein in Mitleid zu rühren vermochte... Es waren Schmerzlaute, wie sie nur aus einer Brust kommen konnten, die all das Martyrtum, welches ein ganzes gequältes Volk seit achtzehn Jahrhunderten ertragen hat, in sich verschlossen hielt... Es war das Röcheln einer Seele, welche todmüde niedersinkt vor den Himmelspforten... Und diese Stimme schien mir wohlbekannt, und mir war, als hätte ich sie einst gehört, wie sie ebenso verzweiflungsvoll jammerte: »Jessica, mein Kind!«

Komödien

Miranda

FERDINAND
 Warum weint Ihr?

MIRANDA.
 Um meinen Unwert; daß ich nicht darf bieten,
 Was ich zu geben wünschte; noch viel minder,

Wonach ich tot mich sehnen werde, nehmen.
Doch das heißt tändeln, und je mehr es sucht
Sich zu verbergen, um so mehr erscheint's
In seiner ganzen Macht. Fort, blöde Schlauheit!
Führ du das Wort mir, schlichte, heil'ge Unschuld!
Ich bin Eu'r Weib, wenn Ihr mich haben wollt,
Sonst sterb ich Eure Magd; Ihr könnt mir's weigern,
Gefährtin Euch zu sein, doch Dienerin
Will ich Euch sein. Ihr wollet oder nicht.

FERDINAND.
  Geliebte, Herrin, und auf immer ich
  So untertänig!

MIRANDA.
  Mein Gatte denn?

FERDINAND.
  Ja, mit so will'gem Herzen,
  Als Dienstbarkeit sich je zur Freiheit wandte.
  Hier habt Ihr meine Hand.

Der Sturm (Akt III, Szene I)   560

Titania

Titania kommt mit ihrem Gefolge.

TITANIA.
   Kommt! einen Ringel-, einen Feensang!
   Dann auf das Drittel 'ner Minute fort!
   Ihr, tötet Raupen in den Rosenknospen!
   Ihr andern führt mit Fledermäusen Krieg,
   Bringt ihrer Flügel Balg als Beute heim,
   Den kleinen Elfen Röcke draus zu machen!
   Ihr endlich sollt den Kauz, der nächtlich kreischt

Und über unsre schmucken Geister staunt,
Von uns verscheuchen! Singt mich nun in Schlaf;
An eure Dienste dann, und laßt mich ruhn!

                      Ein Sommernachtstraum (Akt II, Szene II)

Perdita

PERDITA.
 – – Nehmt die Blumen!
Mich dünkt, ich spiel ein Spiel, wie ich's um Pfingsten
Von Hirten sah; fürwahr, dies Prachtgewand
Verwandelt meine Stimmung.

FLORIZEL.
 Was Ihr tut,
Veredelt all Eu'r Tun. Sprecht Ihr, so wünsch' ich,
Ihr sprächet immer; singt Ihr, möcht ich, daß Ihr

So singend kauftet und verkauftet und
Almosen gäbt und betetet und alles
So tätet, was Ihr tut; und wenn Ihr tanzet,
Wollt' ich, Ihr wäret Welle, stets zu tanzen,
Euch stets nur so, nicht anders zu bewegen,
Als Ihr Euch regt; denn jedes Euer Tun
Ist so in allen Teilen einzig, daß, 561
Was Ihr auch tut, jedwede Handlung sich
Als Königin bewährt.

                Wintermärchen (Akt IV, Szene III) 562

Imogen

IMOGEN.
 Ihr Götter!
 In euren Schutz empfehl ich mich! Beschützt
 Vor Feen mich und nächtlichen Versuchern!

   Sie schläft ein, Jachimo steigt aus der Kiste.

JACHIMO.
 Die Grille singt, des Menschen müde Sinne

Erholen sich im Schlaf. So drückt' Tarquin
Die Binsen sanft, eh' er die Keuschheit weckte,
Die er verletzte! – Cytherea! wie
Du hold dein Lager schmückst. Du frische Lilie!
Und weißer als dein Bettgewand! O könnt
Ich dich berühren, küssen, einmal küssen!
Rubinen sondergleichen, o wie hold
Muß euer Kuß sein! Ist's ihr Atem doch,
Der dieses Zimmer so erfüllt mit Duft.
Des Lichtes Flamme neigt sich gegen sie
Und guckte gern ihr unters Augenlid,
Das dort verschloßne Licht zu schaun – –

                                        Cymbeline (Akt II, Szene II)

Julie

JULIE.
    Ob viele Fraun wohl brächten solche Botschaft?
    Ach, armer Proteus! einen Fuchs hast du
    Zum Hirten deiner Lämmer angenommen.
    Ach! arme Törin! Du bedauerst ihn,
    Der so von ganzem Herzen dich verachtet!
    Weil er sie liebt, so schätzt er mich gering;
    Weil ich ihn liebe, muß ich ihn bedauern.
    Bei unserm Abschied gab ich ihm den Ring,

Zu fesseln die Erinnrung meiner Liebe.
Nun werd ich – Unglücksbote! – hingesandt,
Das zu erflehn, was ich nicht wünschen kann;
Zu fordern, was ich gern verweigert sähe;
Die Treu' zu preisen, die ich tadeln muß!
Ich bin die treue Liebe meines Herrn,
Doch kann ich treu nicht dienen meinem Herrn,
Will ich mir selber kein Verräter sein.
Zwar will ich für ihn werben, doch so kalt,
Als, weiß es Gott, es hätte keine Eil'.

     Die beiden Veroneser (Akt IV, Szene IV) 563

Silvia

SILVIA.
   – – – Jüngling! da du so
Dein Fräulein liebst, verehr ich dir dies Geld,
Gehab dich wohl.

   Sie geht ab.

JULIE.
    Wenn du sie je erkennst, sagt sie dir Dank.
    Ein tugendhaftes Mädchen, mild und schön.
    Ich hoffe, kalt empfängt sie meinen Herrn,
    Da meines Fräuleins Liebe sie so ehrt.
    Wie Liebe mit sich selber tändelt! – Ach!
    Hier ist ihr Bild. Ich will doch sehn. Mich dünkt,
    Mein Antlitz wäre – hätt ich solchen Schmuck –
    Gewiß so reizend als ihr Angesicht.
    Und doch der Maler schmeichelt ihr ein wenig,
    Wenn ich mir selbst zuviel nicht schmeicheln mag:
    Ihr Haar ist braun, mein Haar vollkommen gelb.
    Ist dieses seines Leichtsinns einz'ger Grund,
    So schmück ich mich mit falschem, braunem Haar.
    Ihr Aug' ist grau wie Glas; so ist auch meins.
    Ja! doch die Stirn ist niedrig, meine hoch.
    Was kann's nur sein, was er an *ihr* so schätzt,
    An *mir* ich ihn nicht schätzend machen kann?

                    Die beiden Veroneser (Akt IV, Szene IV)

Hero

MÖNCH.
   Herrin, wer ist's, mit dem man Euch beschuldigt?

HERO.
   Die mich beschuld'gen, wissen's – ich weiß nichts,
   Denn weiß ich mehr von irgendeinem Mann,
   Als Keuschheit reiner Jungfrau es gestattet,
   So fehl all meinen Sünden Gnade. Vater!

Beweist sich's, daß zu unanständ'gen Stunden
Mit mir ein Mann sprach oder daß ich gestern
Zu Nacht mit irgendeinem Wort gewechselt,
So haßt – verstoßt mich – martert mich zu Tode.

                        Viel Lärm um nichts (Akt IV, Szene I)

Beatrice

HERO.
    Doch schuf Natur noch nie ein weiblich Herz
    Von sprödem Stoff als das der Beatrice.
    Hohn und Verachtung sprüht ihr funkelnd Auge
    Und schmäht, worauf sie blickt; so hoch im Preise
    Stellt sie den eignen Witz, daß alles andre
    Ihr nur gering erscheint; sie kann nicht lieben,
    Noch Liebe fassen und in sich entwerfen,
    So eigenliebig ist sie.

URSULA.
Gewiß, solch Mäkeln ist nicht zu empfehlen.

HERO.
O nein, so schroff, so außer aller Form,
Wie Beatrice, ist nicht lobenswert.
Wer aber darf's ihr sagen? Wollt ich reden,
Zerstäubte sie mit Spott mich, lachte mich
Aus mir heraus, erdrückte mich mit Witz.
Mag Benedikt drum, wie verdecktes Feuer,
Zergehn in Seufzern, innerlich hinschmelzen,
Ein beßrer Tod wär's immer, als an Spott,
Was eben ist, wie totgekitzelt werden.

Viel Lärm um nichts (Akt III, Szene I)   565

Helena

HELENA.
  So bekenn ich
  Hier auf den Knien vor Euch und Gott dem Herrn,
  Daß ich vor Euch und nächst dem Herrn des Himmels
  Lieb Euren Sohn.
  Mein Stamm war arm, doch ehrsam; so mein Lieben.
  Zürnt nicht darüber! tut's ihm doch kein Leid,
  Daß er von mir geliebt wird. Ich verfolg ihn
  Mit keinem Zeichen dringlicher Bewerbung;
  Noch möcht ich ihn, bis ich mir ihn verdient;

Weiß aber nicht, wie mir das werden sollte.
Ich weiß, ich lieb umsonst und wider Hoffnung;
Und doch in dies unhaltbar weite Sieb
Gieß ich beständig meiner Liebe Flut,
Die nimmer doch erschöpft wird; gleich dem Inder
Wahngläubig fromm, andächtig bet ich an
Die Sonne, die da schauet auf den Beter,
Doch mehr von ihm nicht weiß. O teure Herrin,
Laßt Euren Haß nicht meine Liebe treffen,
Weil sie dasselbe liebt wie Ihr! – – –

                Ende gut, alles gut (Akt I, Szene III)

Celia

ROSALINDE.
Das will ich von nun an, Mühmchen, und auf Späße denken. Laß sehen, was hältst du vom Verlieben?

CELIA.
Ei ja, tu's, um Spaß damit zu treiben. Aber liebe keinen Mann in wahrem Ernst, auch zum Spaß nicht weiter, als daß du mit einem unschuldigen Erröten in Ehren wieder davonkommen kannst.

ROSALINDE.
Was wollen wir denn für Spaß haben?

CELIA.
Laß uns sitzen und die ehrliche Hausmutter Fortuna von ihrem Rade weglästern, damit ihre Gaben künftig gleicher ausgeteilt werden mögen.

ROSALINDE.
Ich wollte, wir könnten das: denn ihre Wohltaten sind oft gewaltig übel angebracht, und am meisten versieht sich die freigebige blinde Frau mit ihren Geschenken an Frauen.

CELIA.
Das ist wahr; denn die, welche sie schön macht, macht sie selten ehrbar, und die, welche sie ehrbar macht, macht sie sehr häßlich.

So wie es euch gefällt (Akt I, Szene II)

Rosalinde

CELIA.
Hast du diese Verse gehört?

ROSALINDE.
O ja, ich hörte sie alle und noch was drüber; denn einige hatten mehr Füße, als die Verse tragen konnten.

CELIA.
Das tut nichts, die Füße konnten die Verse tragen.

ROSALINDE.

Ja, aber die Füße waren lahm und konnten sich nicht außerhalb des Verses bewegen, und darum standen sie so lahm im Verse.

CELIA.

Aber hast du gehört, ohne dich zu wundern, daß dein Name an den Bäumen hängt und eingeschnitten ist?

ROSALINDE.

Ich war schon sieben Tage in der Woche über alles Wundern hinaus, ehe du kamst; denn sieh nur, was ich an einem Palmbaum fand. Ich bin nicht so bereimt worden seit Pythagoras' Zeiten, wo ich eine Ratte war, die sie mit schlechten Versen vergifteten, dessen ich mich kaum noch erinnern kann.

So wie es euch gefällt (Akt III, Szene II) 567

Olivia

VIOLA.

Liebes Fräulein, laßt mich Euer Gesicht sehn.

OLIVIA.

Habt Ihr irgendeinen Auftrag von Eurem Herrn, mit meinem Gesicht zu verhandeln? Jetzt seid Ihr aus Eurem Text gekommen. Doch will ich den Vorhang wegziehn und Euch das Gemälde weisen. *Sie entschleiert sich.* Seht, Herr, so sah ich in diesem Augenblick aus. Ist die Arbeit nicht gut?

VIOLA.
Vortrefflich, wenn sie Gott allein gemacht hat.

OLIVIA.
Es ist echte Farbe, Herr; es hält Wind und Wetter aus.

VIOLA.
's ist reine Schönheit, deren Rot und Weiß
Natur mit zarter, schlauer Hand verschmelzte.
Fräulein, Ihr seid die Grausamste, die lebt,
Wenn Ihr zum Grabe diese Reize tragt,
Und laßt der Welt kein Abbild.

Heilige-Drei-Königs-Abend (Akt I, Szene V)

Viola

VIOLA.
Mein Vater hatt eine Tochter, welche liebte,
Wie ich vielleicht, wär ich ein Weib, mein Fürst,
Euch lieben würde.

HERZOG.
Was war ihr Lebenslauf?
VIOLA.
Ein leeres Blatt,

Mein Fürst. Sie sagte ihre Liebe nie
Und ließ Verheimlichung, wie in der Knospe
Den Wurm, an ihrer Purpurwange nagen.
Sich härmend und in bleicher welker Schwermut
Saß sie wie die Geduld auf einer Gruft,
Dem Grame lächelnd. Sagt, war das nicht Liebe?
Wir Männer mögen leicht mehr sprechen, schwören,
Doch der Verheißung steht der Wille nach.
Wir sind in Schwüren stark, doch in der Liebe schwach.

HERZOG.
Starb deine Schwester denn an ihrer Liebe?

VIOLA.
Ich bin, was aus des Vaters Haus von Töchtern
Und auch von Brüdern blieb - - -

Heilige-Drei-Königs-Abend (Akt II, Szene IV)

Maria

JUNKER ANDREAS.
 – – – Schönes Frauenzimmer, denkt Ihr, Ihr hättet Narren am Seile?

MARIA.
 Nein, ich habe Euch nicht am Seile.

JUNKER ANDREAS.
 Ihr sollt mich aber am Seile haben: hier ist meine Hand.

MARIA.
Nun, Herr, Gedanken sind zollfrei; aber mich deucht, Ihr könntet sie immer ein bißchen in den Keller tragen und ihr zu trinken geben. 569

JUNKER ANDREAS.
Wozu, mein Engelchen? Was soll die verblümte Redensart?

MARIA.
Sie ist trocken, Herr.

Heilige-Drei-Königs-Abend (Akt I, Szene III) 570

Isabella

ANGELO.
  Nehmt an, kein Mittel wär, ihn zu befrein –
  (Zwar gelten laß ich's nicht, noch eines sonst,
  Doch so zum Beispiel nur) daß Ihr, die Schwester,
  Geliebt Euch fändet von solch einem Mann,
  Des hoher Rang, des Einfluß auf den Richter
  Euch wohl den Bruder könnt entfesseln vom
  Allbindenden Gesetz, und übrig wär
  Ihm gar kein Rettungsmittel, als entweder
  Ihr übergäbt das Kleinod Eures Leibs

Dem Mann da oder ließt den Bruder leiden;
Was tätet Ihr?

ISABELLA.
Das für den armen Bruder, was für mich.
Das heißt: wär über mich erkannt der Tod;
Der Geißel Striemen trüg ich als Rubinen,
Enthüllte mich zum Tode, wie zum Bett,
Das ich verlangt' in Sehnsucht, eh' ich gäbe
Den Leib der Schmach.

Maß für Maß (Akt II, Szene IV)

Prinzessin von Frankreich

SCHÄDEL.
  Gottes schönster Gruß Euch! Sagt, wer ist die Hauptdame?

PRINZESSIN.
  Du wirst sie erkennen, Freund, an den übrigen, die ohne Haupt sind.

SCHÄDEL.
  Wer ist die größte Dame, die höchste?

PRINZESSIN.
Die dickste und die längste.

SCHÄDEL.
Die dickst' und die längste! So ist's; wahr ist wahr.
War Euch schmächtig der Leib, wie der Witz mir, o Frau,
Ein Gürtel der Jungfrau da paßt' Euch genau.
Seid Ihr nicht die Hauptfrau? die dickste seid Ihr.

Der Liebe Mühe umsonst (Akt III, Szene I) 571

Die Äbtissin

ÄBTISSIN.
    Daher kam's eben, daß er rasend ward.
    Der gift'ge Lärm der eifersücht'gen Frau
    Vergiftet mehr als toller Hunde Zahn.
    Du hindertest durch Schelten seinen Schlaf,
    Und davon hat sich sein Gehirn entzündet.
    Mit deinem Tadel würztest du sein Mahl;
    Gestörte Mahlzeit hindert das Verdaun,
    Und daher rührt des Fiebers Raserei.
    Denn was ist Fieber als ein Wahnsinnshauch?

Du störtest stets mit Schelten sein Ergötzen;
Erholung, die so süße! was wird draus,
Versperrt man ihr die Tür? Melancholie,
Die Blutsfreundin untröstlicher Verzweiflung,
Und hinter ihr ein ungeheures Heer
Von bleichen Kränklichkeiten, Lebensfeinden!
Beim Mahl, im Scherz, bei lebensnähr'nder Ruh' 571
Gestöret stets, muß Mensch und Tier verrücken,
Und daraus folgt: vor deiner Eifersucht
Ergriff der Witz des Gatten hier die Flucht.

      Die Irrungen (Akt V, Szene I)   572

Frau Page

JUNGFER QUICKLY.
Nun, das wäre wahrhaftig ein schöner Spaß! Für so einfältig halt ich sie nicht. Das wäre ein Streich! Meiner Seele! Frau Page aber läßt Euch um aller Liebe willen bitten, ihr Euren kleinen Jungen zu schicken, ihr Mann hat eine unbeschreibliche Zuneigung zu dem kleinen Jungen; und Herr Page ist wahrhaftig ein sehr rechtschaffener Mann. Kein Weib in ganz Windsor führt ein besseres Leben als sie. Sie tut, was sie will; sie sagt, was sie will; sie nimmt alles, bezahlt alles, geht zu Bette, wenn sie Lust hat, steht auf, wenn sie Lust hat,

und alles, wie sie will. Und sie verdient es, wahrhaftig! denn wenn es in Windsor nur irgend eine gutmütige Frau gibt, so ist sie's. Es hilft nichts, Ihr müßt ihr Euren Knaben schicken.

                Die lustigen Weiber von Windsor (Akt II, Szene II)

Frau Ford

FALSTAFF.
 Jetzt keine Possen, Pistol! Freilich geht mein Wanst zwei Ellen hinaus; aber jetzt will ich nicht auf unnützen Aufwand, sondern auf gute Wirtschaft hinaus. Kurz, ich beabsichtige einen Liebeshandel mit Fords Frau. Ich spüre Unterhaltung bei ihr. Sie schwatzt, sie schneidet vor, und ihre Blicke sind einladend. Ich kann mir den Inhalt ihrer vertraulichen Gespräche erklären, und der ungünstigste

Ausdruck ihres Betragens ist in deutlichen Worten: Ich bin Sir John Falstaffs.

Die lustigen Weiber von Windsor (Akt I, Szene III)   572

Anna Page

ANNA.
 Nun? Ist's Euch nicht auch gefällig hereinzukommen, hochgeehrter Herr?

SLENDER.
 Nein! Ich danke Euch! Wahrhaftig! Von ganzem Herzen! Ich befinde mich hier recht wohl!

ANNA.

Man wartet mit dem Essen auf Euch, lieber Herr!

SLENDER.

Ich bin gar nicht so hungrig! Ich danke Euch, wahrhaftig! *Zu Simpel:* Geh, Bursche! und wenn du gleich mein Diener bist, so warte dennoch meinem Herrn Vetter Shallow auf. Ein Friedensrichter kann manchmal seinem Freunde um eines Dieners willen verpflichtet werden. Bis zum Tode meiner Mutter halte ich mir nur noch drei Leute und einen Burschen. Wenn das aber auch ist, so leb ich doch immer noch so gut als ein armer Junker.

ANNA.

Ohne Euer Gestrengen darf ich nicht hineinkommen. Man wird sich nicht eher setzen, als bis Ihr kommt.

Die lustigen Weiber von Windsor (Akt I, Szene I)

Katharina

PETRUCHIO.
>   Nimm an, sie schmält; nun, ruhig sag ich ihr,
>   Sie singe lieblich wie die Nachtigall.
>   Nimm an, sie mault; ich sag, ihr Blick sei klar
>   Wie Morgenrosen, frisch getränkt vom Tau.
>   Nimm an, sie muckt und redet nicht ein Wort;
>   Dann preis ich ihre Zungenfertigkeit
>   Und ihres Vertrags zaubrische Gewalt.
>   Ruft sie mir: »Packt Euch fort!«, ich sag ihr Dank,
>   Als ob sie sagte: »Bleib die Woche hier!«

Schlägt sie die Heirat ab; »wann«, frag ich, »soll
Das Aufgebot sein, wann der Hochzeittag?« –
Doch seht, sie kommt; nun sprich, Petruchio.
Guten Morgen, Käth'; ich hör', Eu'r Nam' ist das.

KATHARINA.
Ihr hörtet recht, obgleich halbtaubes Ohrs,
Man sagt Kathrina, redet man von mir.

PETRUCHIO.
Ihr lügt fürwahr; bloß Käthe nennt man Euch,
Und rasche Käth', auch wohl erzböse Käth'.

Die gezähmte Keiferin (Akt II, Szene I) 574

Schluß

In den einleitenden Blättern dieses Bildersaals habe ich berichtet, auf welchen Wegen sich die Popularität Shakespeares in England und Deutschland verbreitete und wie hier und dort ein Verständnis seiner Werke befördert ward. Leider konnte ich in bezug auf romanische Länder keine so erfreuliche Nachrichten mitteilen: in Spanien ist der Name unseres Dichters bis auf heutigen Tag ganz unbekannt geblieben; Italien ignoriert ihn vielleicht absichtlich, um den Ruhm seiner großen Poeten vor transalpinischer Nebenbuhlerschaft zu beschützen; und Frankreich, die Heimat des herkömmlichen Geschmacks und des gebildeten Tons, glaubte lange Zeit den großen Briten hinlänglich zu ehren, wenn es ihn einen genialen Barbaren nannte und über seine Roheit sowenig als möglich spöttelte. Indessen die politische Revolution, welche dieses Land erlebte, hat auch eine literarische hervorgebracht, die vielleicht an Terrorismus die erstere überbietet, und Shakespeare ward bei dieser Gelegenheit aufs Schild gehoben. Freilich, wie in ihren politischen Umwälzungsversuchen, sind die Franzosen selten ganz ehrlich in ihren literarischen Revolutionen; wie dort, so auch hier, preisen und feiern sie irgendeinen Helden, nicht ob seinem wahren inwohnenden Werte, sondern wegen des momentanen Vorteils, den ihre Sache durch solche Anpreisung und Feier gewinnen kann; und so geschieht es, daß sie heute emporrühmen, was sie morgen wieder herabwürdigen müssen, und umgekehrt. Shakespeare ist seit zehn Jahren in Frankreich, für die Partei, welche die literarische Revolution durchkämpft, ein Gegenstand der blindesten Anbetung. Aber ob er bei diesen Männern der Bewegung eine wirkliche gewissenhafte Anerkennung oder gar ein richtiges Verständnis gefunden hat, ist die große Frage. Die Franzosen sind zu sehr die Kinder ihrer Mütter, sie haben zu sehr die gesellschaftliche Lüge mit der Ammenmilch eingesogen, als daß sie dem Dichter, der die Wahrheit der Natur in jedem Worte atmet, sehr viel Geschmack abgewinnen oder gar ihn verstehen könnten. Es herrscht freilich bei ihren Schriftstellern seit einiger Zeit ein unbändiges Streben nach solcher Natürlichkeit; sie reißen sich gleichsam verzweiflungsvoll die konventionellen Gewänder vom Leibe und zeigen sich in der schrecklichsten Nacktheit... Aber irgendein modischer Fetzen, welcher ihnen dennoch immer anhängen bleibt, gibt Kunde von der überlieferten Unnatur und entlockt dem deutschen Zuschauer ein ironisches Lächeln. Diese Schriftsteller mahnen mich immer an die Kupferstiche gewisser Romane, wo die unsittlichen Liebschaften des achtzehnten Jahrhunderts abkonterfeit sind und, trotz dem paradiesischen Naturkostüme der Herren und Damen, jene ihre Zopfperücken, diese ihre Turmfrisuren und ihre Schuhe mit hohen Absätzen beibehalten haben.

Nicht durch direkte Kritik, sondern indirekt, durch dramatische Schöpfungen, die dem Shakespeare mehr oder minder nachgebildet sind, gelangen die Franzosen zu einigem Verständnis des großen Dichters. Als ein Vermittler in dieser Weise ist Victor Hugo ganz besonders zu rühmen. Ich will ihn hiermit keineswegs als bloßen Nachahmer des Briten im gewöhnlichen Sinne betrachtet wissen. Victor Hugo ist ein Genius von erster Größe, und bewunderungswürdig ist sein Flug und seine Schöpferkraft; er hat das Bild und hat das Wort; er ist der größte Dichter Frankreichs; aber sein Pegasus hegt eine krankhafte Scheu vor den brausenden Strömen der Gegenwart und geht nicht gern zur Tränke, wo das Tageslicht in den frischen Fluten sich abspiegelt... vielmehr unter den Ruinen der Vergangenheit sucht er, zu seiner Erlabung, jene verschollenen Quellen, wo einst das hohe Flügelroß des Shakespeare seinen unsterblichen Durst gelöscht hat. Ist es nun, weil jene alten Quellen, halbverschüttet und übermoort, keinen reinen Trunk mehr bieten: genug, Victor Hugos dramatische Gedichte enthalten mehr den trüben Moder als den belebenden Geist der altenglischen Hippokrene, es fehlt ihnen die heitere Klarheit und die harmonische Gesundheit... und ich muß gestehen, zuweilen erfaßt mich der schauerliche Gedanke, dieser Victor Hugo sei das Gespenst eines englischen Poeten, aus der Blütezeit der Elisabeth, ein toter Dichter, der verdrießlich dem Grabe entstiegen, um in einem anderen Lande und in einer anderen Periode, wo er vor der Konkurrenz des großen Williams gesichert, einige postume Werke zu schreiben. In der Tat, Victor Hugo mahnt mich an Leute wie Marlowe, Decker, Heywood usw., die in Sprache und Manier ihrem großen Zeitgenossen so ähnlich waren und nur seinen Tiefblick und Schönheitssinn, seine furchtbare und lächelnde Grazie, seine offenbarende Natursendung entbehrten... Und ach! zu den Mängeln eines Marlowes, Deckers und Heywoods gesellt sich bei Victor Hugo noch das schlimmste Entbehrnis: es fehlt ihm das Leben. Jene litten an kochender Überfülle, an wildester Vollblütigkeit, und ihr poetisches Schaffen war geschriebenes Atmen, Jauchzen und Schluchzen; aber Victor Hugo, bei aller Verehrung, die ich ihm zolle, ich muß es gestehen, hat etwas Verstorbenes, Unheimliches, Spukhaftes, etwas grabentstiegen Vampirisches... Er weckt nicht die Begeisterung in unsern Herzen, sondern er saugt sie heraus... Er versöhnt nicht unsere Gefühle durch poetische Verklärung, sondern er erschreckt sie durch widerwärtiges Zerrbild... Er leidet an Tod und Häßlichkeit.

Eine junge Dame, die mir sehr nahesteht, äußerte sich jüngst über diese Häßlichkeitssucht der Hugoschen Muse mit sehr treffenden Worten. Sie sagte nämlich: »Die Muse des Victor Hugo mahnt mich an das Märchen von der wunderlichen Prinzessin, die nur den häßlichsten Mann heuraten wollte und in dieser Absicht im ganzen Lande das Aufgebot ergehen ließ, daß sich alle Junggesellen von ausgezeichneter Mißbildung an einem gewissen Tage vor ihrem Schlosse, als Ehekandidaten, versammeln sollten... Da gab's nun freilich eine gute Auswahl von Krüppeln und Fratzen, und man glaubte das Personal eines Hugoschen Werkes vor sich zu sehen... Aber Quasimodo führte die Braut nach Hause.«

Nach Victor Hugo muß ich wieder des Alexander Dumas erwähnen; auch dieser hat dem Verständnis des Shakespeare in Frankreich mittelbar vorgearbeitet. Wenn jener durch Extravaganz im Häßlichen die Franzosen daran gewöhnte, im Drama nicht bloß die schöne Drapierung der Leidenschaft zu suchen, so bewirkte Dumas, daß seine Landsleute an dem natürlichen Ausdruck der Leidenschaft großes Gefallen gewannen. Aber ihm galt die Leidenschaft als das Höchste, und in seinen Dichtungen usurpierte sie den Platz der Poesie. Dadurch freilich wirkte er desto mehr auf der Bühne. Er gewöhnte das Publikum in dieser Sphäre, in der Darstellung der Leidenschaften, an die größten Kühnheiten des Shakespeare; und wer einmal an »Heinrich III.« und »Richard Darlington« Gefallen fand, klagte nicht mehr über Geschmacklosigkeit im »Othello« und »Richard III.« Der Vorwurf des Plagiats, den man ihm einst anheften wollte, war ebenso töricht wie ungerecht. Dumas hat freilich in seinen leidenschaftlichen Szenen hie und da etwas dem Shakespeare entlehnt, aber unser Schiller tat dieses mit noch weit kühnerem Zugriff, ohne dadurch irgendeinem Tadel zu verfallen. Und gar Shakespeare selber, wieviel entlehnte er nicht seinen Vorgängern! Auch diesem Dichter begegnete es, daß ein sauertöpfischer Pamphletist mit der Behauptung gegen ihn auftrat, das Beste seiner Dramen sei den ältern Schriftstellern entwendet. Shakespeare wird bei dieser lächerlichen Gelegenheit ein Rabe genannt, welcher sich mit dem fremden Gefieder des Pfauen geschmückt habe. Der Schwan von Avon schwieg und dachte vielleicht in seinem göttlichen Sinn: ›Ich bin weder Rabe noch Pfau!‹ und wiegte sich sorglos auf den blauen Fluten der Poesie, manchmal hinauflächelnd zu den Sternen, den goldenen Gedanken des Himmels.

Des Grafen Alfred de Vigny muß hier ebenfalls Erwähnung geschehen. Dieser Schriftsteller, des englischen Idioms kundig, beschäftigte sich am gründlichsten mit den Werken des Shakespeare, übersetzte einige derselben mit großem Geschick, und dieses Studium übte auch auf seine Originalarbeiten den günstigsten Einfluß. Bei dem feinhörigen und scharfäugigen Kunstsinn, den man dem Grafen de Vigny zuerkennen muß, darf man annehmen, daß er den Geist Shakespeares tiefer behorcht und beobachtet habe als die meisten seiner Landsleute. Aber das Talent dieses Mannes, wie auch seine Denk- und Gefühlart, ist auf das Zierliche und Miniaturmäßige gerichtet, und seine Werke sind besonders kostbar durch ihre ausgearbeitete Feinheit. Ich kann mir's daher wohl denken, daß er manchmal wie verblüfft stehenblieb vor jenen ungeheuren Schönheiten, die Shakespeare gleichsam aus den gewaltigsten Granitblöcken der Poesie ausgehauen hat... Er betrachtete sie gewiß mit ängstlicher Bewunderung, gleich einem Geldschmied, der in Florenz jene kolossalen Pforten des Baptisterii anstarrt, die, einem einzigen Metallguß entsprungen, dennoch zierlich und lieblich, wie ziseliert, ja wie die feinste Bijouteriearbeit aussehen.

Wird es den Franzosen schon schwer genug, die Tragödien Shakespeares zu verstehen, so ist ihnen das Verständnis seiner Komödien fast ganz versagt. Die Poesie der Leidenschaft ist ihnen zugänglich; auch die Wahrheit der Charakteristik können sie bis auf einen gewissen Grad begreifen: denn ihre Herzen haben brennen gelernt, das Passionierte ist so recht ihr Fach, und mit ihrem analytischen Verstande wissen sie jeden gegebenen Charakter in seine feinsten Bestandteile zu zerlegen und die Phasen zu berechnen, worin er jedesmal geraten wird, wenn er mit bestimmten Weltrealitäten zusammenstößt. Aber im Zaubergarten der Shakespeareschen Komödie ist ihnen all dieses Erfahrungswissen von wenig Hülfe. Schon an der Pforte bleibt ihnen der Verstand stehen, und ihr Herz weiß kein Bescheid, und es fehlt ihnen die geheimnisvolle Wünschelrute, deren bloße Berührung das Schloß sprengt. Da schauen sie mit verwunderten Augen durch das goldene Gitter und sehen, wie Ritter und Edelfrauen, Schäfer und Schäferinnen, Narren und Weise unter den hohen Bäumen einherwandeln; wie der Liebende und seine Geliebte im kühlen Schatten lagern und zärtliche Reden tauschen; wie dann und wann ein Fabeltier, etwa ein Hirsch mit silbernem Geweih, vorüberjagt oder gar ein keusches Einhorn aus dem Busche springt und der schönen Jungfrau sein Haupt in den Schoß legt... Und sie sehen, wie aus den Bächen die Wasserfrauen, mit grünem Haar und glänzenden Schleiern, hervortauchen und wie plötzlich der Mond aufgeht... Und sie hören dann, wie die Nachtigall schlägt... Und sie schütteln ihre klugen Köpflein über all das unbegreiflich närrische Zeug! Ja, die Sonne können die Franzosen allenfalls begreifen, aber nicht den Mond, und am allerwenigsten das selige Schluchzen und melancholisch entzückte Trillern der Nachtigallen...

Ja, weder ihre empirische Bekanntschaft mit den menschlichen Passionen noch ihre positive Weltkenntnis ist den Franzosen von einigem Nutzen, wenn sie die Erscheinungen und Töne enträtseln wollen, die ihnen aus dem Zaubergarten der Shakespeareschen Komödie entgegenglänzen und -klingen ... Sie glauben manchmal ein Menschengesicht zu sehen, und bei näherem Hinblick ist es eine Landschaft, und was sie für Augenbrauen hielten, war ein Haselbusch, und die Nase war ein Felsen und der Mund eine kleine Quelle, wie wir dergleichen auf den bekannten Vexierbildern schauen... Und umgekehrt, was die armen Franzosen für einen bizarr gewachsenen Baum oder wunderlichen Stein ansahen, das präsentiert sich bei genauerer Betrachtung als ein wirkliches Menschengesicht von ungeheurem Ausdruck. Gelingt es ihnen etwa, mit höchster Anstrengung des Ohres irgendein Wechselgespräch der Liebenden, die im Schatten der Bäume lagern, zu belauschen, so geraten sie in noch größere Verlegenheit... Sie hören bekannte Worte, aber diese haben einen ganz anderen Sinn; und sie behaupten dann, diese Leute verstünden nichts von der flammenden Leidenschaft, von der großen Passion, das sei witziges Eis, was sie einander zur Erfrischung böten, nicht lodernder Liebestrunk... Und sie merkten nicht, daß diese Leute nur verkleidete Vögel sind und in einer Koteriesprache konversieren, die man nur im Traume oder in der frühesten Kindheit erlernen kann... Aber am schlimmsten geht es den Franzosen da draußen an den Gitterpforten der Shakespeareschen Komödie, wenn manchmal ein heiterer Westwind über ein Blumenbeet jenes Zaubergartens dahinstreicht und ihnen die unerhörtesten Wohlgerüche in die Nase weht... »Was ist das?«

Die Gerechtigkeit verlangt, daß ich hier eines französischen Schriftstellers erwähne, welcher mit einigem Geschick die Shakespeareschen Komödien nachahmte und schon durch die Wahl seiner Muster eine seltene Empfänglichkeit für wahre Dichtkunst beurkundete. Dieser ist Herr Alfred de Musset. Er hat vor etwa fünf Jahren einige kleine Dramen geschrieben, die, was den Bau und die Weise betrifft, ganz den Komödien des Shakespeare nachgebildet sind. Besonders hat er sich die Kaprice (nicht den Humor), die in denselben herrscht, mit französischer Leichtigkeit zu eigen gemacht. Auch an einiger zwar sehr dünndrähtiger, aber doch probehaltiger Poesie fehlte es nicht in diesen hübschen Kleinigkeiten. Nur war zu bedauern, daß der damals jugendliche Verfasser außer der französischen Übersetzung des Shakespeare auch die des Byron gelesen hatte und dadurch verleitet ward, im Kostüme des spleenigen Lords jene Übersättigung und Lebenssattheit zu affektieren, die in jener Periode unter den jungen Leuten zu Paris Mode war. Die rosigsten Knäbchen, die gesundesten Gelbschnäbel behaupteten damals, ihre Genußfähigkeit sei erschöpft, sie erheuchelten eine greisenhafte Erkältung des Gemütes und gaben sich ein zerstörtes und gähnendes Aussehen.

Seitdem freilich ist unser armer Monsieur Musset von seinem Irrtume zurückgekommen, und er spielt nicht mehr den Blasé in seinen Dichtungen – aber ach! seine Dichtungen enthalten jetzt, statt der simulierten Zerstörnis, die weit trostloseren Spuren eines wirklichen Verfalls seiner Leibes- und Seelenkräfte... Ach! dieser Schriftsteller erinnert mich an jene künstlichen Ruinen, die man in den Schloßgärten des achtzehnten Jahrhunderts zu erbauen pflegte, an jene Spielereien einer kindischen Laune, die aber im Laufe der Zeit unser wehmütigstes Mitleid in Anspruch nehmen, wenn sie in allem Ernste verwittern und vermodern und in wahrhafte Ruinen sich verwandeln.

Die Franzosen sind, wie gesagt, wenig geeignet, den Geist der Shakespeareschen Komödien aufzufassen, und unter ihren Kritikern habe ich, mit Ausnahme eines einzigen, niemand gefunden, der auch nur eine Ahnung von diesem seltsamen Geiste besäße. Wer ist das? Wer ist jene Ausnahme? Gutzkow sagt, der Elefant sei der Doktrinär unter den Tieren. Und ein solcher verständiger und sehr schwerfälliger Elefant hat das Wesen der Shakespeareschen Komödie am scharfsinnigsten aufgefaßt. Ja, man sollte es kaum glauben, es ist Herr Guizot, welcher über jene graziösen und mutwilligsten Luftgebilde der modernen Muse das Beste geschrieben hat, und zur Verwunderung und Belehrung des Lesers übersetze ich hier eine Stelle aus einer Schrift, die im Jahr 1822 bei Ladvocat in Paris erschienen und »De Shakespeare et de la poésie dramatique, par F. Guizot« betitelt ist.

»Jene Shakespeareschen Komödien gleichen weder der Komödie des Molière noch des Aristophanes oder der Römer. Bei den Griechen, und in der neuern Zeit bei den Franzosen, entstand die Komödie durch eine zwar freie, aber aufmerksame Beobachtung des wirklichen Weltlebens, und die Darstellung desselben auf der Bühne war ihre Aufgabe. Die Unterscheidung einer komischen und einer tragischen Gattung findet man schon im Beginn der Kunst, und mit der Ausbildung derselben hat sich die Trennung beider Gattungen immer bestimmter ausgesprochen. Sie trägt ihren Grund in den Dingen selbst. Die Bestimmung wie die Natur des Menschen, seine Leidenschaften und seine Geschäfte, der Charakter und die Ereignisse, alles in uns und um uns hat sowohl seine ernsthafte wie spaßhafte Seite und kann sowohl unter dem einen wie dem andern Gesichtspunkte betrachtet und dargestellt werden. Diese Zweiseitigkeit des Menschen und der Welt hat der dramatischen Poesie zwei natürlichermaßen verschiedene Bahnen angewiesen; aber während sie die eine oder die andere zu ihrem Tummelplatz erwählte, hat die Kunst sich dennoch nie von der Beobachtung und Darstellung der Wirklichkeit abgewendet. Mag Aristophanes mit unumschränkter Phantasiefreiheit die Laster und Torheiten der Athener geißeln; mag Molière die Gebrechen der Leichtgläubigkeit, des Geizes, der Eifersucht, der Pedanterei, der adligen Hoffart, der bürgerlichen Eitelkeit und der Tugend selbst durchhecheln; – was liegt daran, daß beide Dichter ganz verschiedene Gegenstände behandeln; – daß der eine das ganze Leben und das ganze Volk, der andere hingegen die Vorfälle des Privatlebens, das Innere der Familien und die Lächerlichkeiten des Individuums auf die Bühne gebracht hat: diese Verschiedenheit der komischen Stoffe ist eine Folge der Verschiedenheit der Zeit, des Ortes und der Zivilisation... Aber dem Aristophanes wie dem Molière dient die Realität, die wirkliche Welt, immer als Boden ihrer Darstellungen. Es sind die Sitten und die Ideen ihres Jahrhunderts, die Laster und Torheiten ihrer Mitbürger, überhaupt, es ist die Natur und das Leben der Menschen, was ihre poetische Laune entzündet und erhält. Die Komödie entspringt daher aus der Welt, welche den Poeten umgibt, und sie schmiegt sich, noch viel enger als die Tragödie, an die äußeren Tatsachen der Wirklichkeit...

Nicht so bei Shakespeare. Zu seiner Zeit hatte in England der Stoff der dramatischen Kunst, Natur und Menschengeschick, noch nicht von den Händen der Kunst jene Unterscheidung und Klassifikation empfangen. Wenn der Dichter diesen Stoff für die Bühne bearbeiten wollte, so nahm er ihn in seiner Ganzheit, mit allen seinen Beimischungen, mit allen Kontrasten, die sich darin begegneten, und der Geschmack des Publikums geriet keineswegs in Versuchung, sich über solches Verfahren zu beklagen. Das Komische, dieser Teil der menschlichen Wirklichkeit, durfte sich überall hinstellen, wo die Wahrheit seine Gegenwart verlangte oder duldete; und es war ganz im Charakter jener englischen Zivilisation, daß die Tragödie, indem man ihr solchermaßen das Komische beigesellte, keineswegs ihre Wahrheitswürde einbüßte. Bei solchem Zustand der Bühne und solcher Neigung des Publikums, was konnte sich da als die eigentliche Komödie darbieten? Wie konnte letztere als besondere Gattung gelten und ihren bestimmten Namen Komödie führen? Es gelang ihr, indem sie sich von jenen Realitäten lossagte, wo ja doch die Grenzen ihres natürlichen Gebietes weder geschützt noch anerkannt wurden. Diese Komödie beschränkte sich nicht mehr auf die Darstellung bestimmter Sitten und durchgeführter Charaktere; sie suchte nicht mehr die Dinge und die Menschen unter einer zwar lächerlichen, aber wahren Gestalt zu schildern, sondern sie ward ein phantastisches und romantisches Geisteswerk, ein Zufluchtsort für alle jene ergötzlichen Unwahrscheinlichkeiten, welche die Phantasie, aus Trägheit oder Laune, nur an einem dünnen Faden zusammenreiht, um daraus allerlei bunte Verknüpfungen zu bilden, die uns erheitern und interessieren, ohne eben dem Urteil der Vernunft standzuhalten. Anmutige Gemälde, Überraschungen, heitere Intrigen, gereizte Neugier, getäuschte Erwartungen, Verwechslungen, witzige Aufgaben, welche Verkleidungen herbeiführen, das ward der Stoff jener harmlosen, leicht zusammengewürfelten Spiele. Die Kontextur der spanischen Stücke, woran man in England Geschmack zu finden begann, lieferte diesen Spielen allerlei verschiedene Rahmen und Muster, die sich auch sehr gut anpassen ließen auf jene Chroniken und Balladen, auf jene französischen und italienischen Novellen, welche, nebst den Ritterromanen, eine Lieblingslektüre des Publikums waren. Es ist begreiflich, wie diese reiche Fundgrube und diese leichte Gattung die Aufmerksamkeit Shakespeares schon frühe auf sich zog! Man darf sich nicht wundern, daß seine junge und glänzende Einbildungskraft sich gern in jenen Stoffen wiegte, wo sie, des strengen Vernunftjoches bar, auf Kosten der Wahrscheinlichkeit alle möglichen ernste und starke Effekte bereiten konnte! Dieser Dichter, dessen Geist und Hand mit gleicher Rastlosigkeit sich bewegten, dessen Manuskripte fast keine Spur von Verbesserungen enthielten, er mußte sich gewiß mit besonderer Lust jenen ungezügelten und abenteuerlichen Spielen hingeben, worin er ohne Anstrengung alle seine verschiedenartigen Fähigkeiten entfalten durfte. Er konnte alles in seine Komödien hineinschütten, und in der Tat! er goß alles hinein, ausgenommen, was mit einem solchen Systeme ganz unverträglich war, nämlich jene logische Verknüpfung, welche jeden Teil des Stückes dem Zwecke des Ganzen unterordnet und in jeder Einzelheit die Tiefe, Größe und Einheit des Werks bekundet. In den Tragödien des Shakespeare findet man schwerlich irgendeine Konzeption, eine Situation, einen Akt der Leidenschaft, einen Grad des Lasters oder der Tugend, welchen man nicht ebenfalls in einer seiner Komödien wiederfände; aber was sich dort in die abgründlichste Tiefe erstreckt, was sich fruchtbar an erschütternden Folgerungen erweist, was sich streng in eine Reihe von Ursachen und Wirkungen einfügt, das ist hier kaum angedeutet, nur für einen Augenblick hingeworfen, um einen flüchtigen Effekt zu erzielen und sich ebenso schnell in einer neuen Verknüpfung zu verlieren.«

In der Tat, der Elefant hat recht: Das Wesen der Shakespeareschen Komödie besteht in der bunten Schmetterlingslaune, womit sie von Blume zu Blume dahingaukelt, selten den Boden der Wirklichkeit berührend. Nur im Gegensatz zu der realistischen Komödie der Alten und der Franzosen läßt sich von der Shakespeareschen Komödie etwas Bestimmtes aussagen.

Ich habe vorige Nacht lange darüber nachgegrübelt, ob ich nicht dennoch von dieser unendlichen und unbegrenzten Gattung, von der Komödie des Shakespeare, eine positive Erklärung geben könnte. Nach langem Hin- und Hersinnen schlief ich endlich ein, und mir träumte, es sei sternhelle Nacht, und ich schwämme in einem kleinen Kahn, auf einem weiten, weiten See, wo allerlei Barken, angefüllt mit Masken, Musikanten und Fackeln, tönend und glänzend, manchmal nah, manchmal ferne, an mir vorbeifuhren. Das waren Kostüme aus allen

Zeiten und Landen: altgriechische Tuniken, mittelalterliche Rittermäntel, orientalische Turbane, Schäferhüte mit flatternden Bändern, wilde und zahme Tierlarven... Zuweilen nickte mir eine wohlbekannte Gestalt... Zuweilen grüßten vertraute Weisen... Aber das zog immer schnell vorüber, und lauschte ich eben den Tönen der freudigen Melodie, die mir aus einer dahingleitenden Barke entgegenjubelten, so verhallten sie bald, und anstatt der lustigen Fiedeln erseufzten neben mir die melancholischen Waldhörner einer anderen Barke... Manchmal trug der Nachtwind beides zu gleicher Zeit an mein Ohr, und da bildeten diese gemischten Töne eine selige Harmonie... Die Wasser erklangen von unerhörtem Wohllaut und brannten im magischen Widerschein der Fackeln, und die buntbewimpelten Lustschiffe, mit ihrer abenteuerlichen Maskenwelt, schwammen in Licht und Musik... Eine anmutige Frauengestalt, die am Steuer einer jener Barken stand, rief mir im Vorbeifahren: »Nicht wahr, mein Freund, du hättest gern eine Definition von der Shakespeareschen Komödie?« Ich weiß nicht, ob ich es bejahte, aber das schöne Weib hatte zu gleicher Zeit ihre Hand ins Wasser getaucht und mir die klingenden Funken ins Gesicht gespritzt, so daß ein allgemeines Gelächter erscholl und ich davon erwachte.

Wer war jene anmutige Frauengestalt, die mich solchermaßen im Traume neckte? Auf ihrem idealisch schönen Haupte saß eine buntscheckige gehörnte Schellenkappe, ein weißes Atlaskleid mit flatternden Bändern umschloß die fast allzu schlanken Glieder, und vor der Brust trug sie eine rotblühende Distel. Es war vielleicht die Göttin der Kaprice, jene sonderbare Muse, die bei der Geburt Rosalindens, Beatrices, Titanias, Violas, und wie sie sonst heißen, die lieblichen Kinder der Shakespeareschen Komödie, zugegen war und ihnen die Stirne küßte. Sie hat wohl alle ihre Launen und Grillen und Schrullen in die jungen Köpfchen hineingeküßt, und das wirkte auch auf die Herzen. Wie bei den Männern, so auch bei den Weibern in der Shakespeareschen Komödie ist die Leidenschaft ganz ohne jenen furchtbaren Ernst, ganz ohne jene fatalistische Notwendigkeit, womit sie sich in den Tragödien offenbart. Amor trägt dort zwar ebenfalls eine Binde und einen Köcher mit Pfeilen. Aber diese Pfeile sind dort weniger tödlich zugespitzt als buntbefiedert, und der kleine Gott schielt manchmal schalkhaft über die Binde hinweg. Auch die Flammen brennen dort weniger, als sie leuchten, aber Flammen sind es immer, und wie in den Tragödien des Shakespeare, so auch in seinen Komödien trägt die Liebe ganz den

Charakter der Wahrheit. Ja, Wahrheit ist immer das Kennzeichen Shakespearescher Liebe, gleichviel, in welcher Gestalt sie erscheint, sie mag sich Miranda nennen oder Julia oder gar Cleopatra.

Indem ich diese Namen eher zufällig als absichtlich zusammen erwähne, bietet sich mir die Bemerkung, daß sie auch die drei bedeutungsvollsten Typen der Liebe bezeichnen. Miranda ist die Repräsentantin einer Liebe, welche, ohne historische Einflüsse, als Blume eines unbefleckten Bodens, den nur Geisterfüße betreten durften, ihre höchste Idealität entfalten konnte. Ariels Melodien haben ihr Herz gebildet, und die Sinnlichkeit erschien ihr nie anders als in der abschreckend häßlichen Gestalt eines Kaliban. Die Liebe, welche Ferdinand in ihr erregt, ist daher nicht eigentlich naiv, sondern von seliger Treuherzigkeit, von urweltlicher, fast schauerlicher Reinheit. Julias Liebe trägt, wie ihre Zeit und Umgebung, einen mehr romantisch mittelalterlichen, schon der Renaissance entgegenblühenden Charakter; sie ist farbenglänzend wie der Hof der Scalière und zugleich stark wie jene edlen Geschlechter der Lombardei, die mit germanischem Blute verjüngt worden und ebenso kräftig liebten, wie sie haßten. Julia repräsentiert die Liebe einer jugendlichen, noch etwas rohen, aber unverdorbenen, gesunden Periode. Sie ist ganz durchdrungen von der Sinnenglut und von der Glaubensstärke einer solchen Zeit, und selbst der kalte Moder der Totengruft kann weder ihr Vertrauen erschüttern noch ihre Flamme dämpfen. Unsere Cleopatra, ach! sie repräsentiert die Liebe einer schon erkrankten Zivilisation, einer Zeit, deren Schönheit schon abwelkt, deren Locken zwar mit allen Künsten gekräuselt, mit allen Wohldüften gesalbt, aber auch mit manchem grauen Haar durchflochten sind, einer Zeit, die den Kelch, der zur Neige geht, um so hastiger leeren will. Diese Liebe ist ohne Glaube und ohne Treue, aber darum nicht minder wild und glühend. Im ärgerlichen Bewußtsein, daß diese Glut nicht zu dämpfen ist, gießt das ungeduldige Weib noch Öl hinein und stürzt sich bacchantisch in die lodernden Flammen. Sie ist feige und dennoch getrieben von eigner Zerstörungslust. Die Liebe ist immer eine Art Wahnsinn, mehr oder minder schön; aber bei dieser ägyptischen Königin steigert sie sich zur greulichsten Tollheit... Diese Liebe ist ein rasender Komet, der mit seinem Flammenschweif, in den unerhörtesten Kreisläufen, am Himmel dahinstürmt, alle Sterne auf seinem Wege erschreckt, wo nicht gar beschädigt, und endlich, kläglich zusammenkrachend, wie eine Rakete in tausend Funken zerstiebt.

Ja, du glichest einem furchtbaren Komete, schöne Cleopatra, und du glühtest nicht bloß zu deinem eignen Verderben, sondern du bedeutetest auch Unglück für deine Zeitgenossen... Mit Antonius nimmt auch das alte heroische Römertum ein jämmerliches Ende.

Womit soll ich aber euch vergleichen, Julia und Miranda? Ich schaue wieder nach dem Himmel und suche dort euer Ebenbild. Es befindet sich vielleicht hinter den Sternen, wo mein Blick nicht hindringt. Vielleicht, wenn die glühende Sonne auch die Milde des Mondes besäße, ich könnte dich mit ihr vergleichen, Julia! Wäre der milde Mond zugleich begabt mit der Glut der Sonne, ich würde dich damit vergleichen, Miranda!

588

Biographie

1797 *13. Dezember:* Heinrich Heine wird in Düsseldorf als ältester Sohn des jüdischen Textilkaufmanns Samson Heine und seiner Ehefrau Elisabeth, geb. van Geldern, geboren.

1807 Heine besucht die Vorbereitungsklasse des Lyzeums.

1810 *April:* Eintritt in das Düsseldorfer Lyzeum.

1814 Heine verlässt das Gymnasium ohne Reifezeugnis und wechselt auf die Handelsschule.

1815 Bei dem Bankier Rindskopf in Frankfurt am Main beginnt Heine eine kaufmännische Lehre.

1816 Heine setzt die Lehre im Bankhaus seines Onkels Salomon Heine in Hamburg fort. Unglückliche Liebe zur Cousine Amalie.

1817 Unter Pseudonym veröffentlicht Heine erste Gedichte in »Hamburgs Wächter«.

1818 Mit Unterstützung des Onkels Salomon gründet Heine das Manufakturwarengeschäft »Harry Heine und Comp.« in Hamburg, in dem er vor allem englische Tuche verkauft.

1819 Heine meldet den Konkurs seines Geschäftes an.
März: Er immatrikuliert sich an der Universität Bonn zum Jurastudium, das von Salomon Heine finanziert wird. Neben juristischen hört er auch philosophische, philologische und historische Vorlesungen, u. a. bei August Wilhelm Schlegel und Ernst Moritz Arndt.

1820 Beginn der Arbeit an der Tragödie »Almansor«.
August: Im »Rheinisch-Westfälischen Anzeiger« erscheint Heines Aufsatz »Die Romantik«.
Oktober: Heine wechselt an die Universität Göttingen. Er beteiligt sich an geheimen burschenschaftlichen Versammlungen. Aus antisemitischen Gründen wird Heine aus der Burschenschaft ausgeschlossen.

1821 *Januar:* Wegen eines Duells erhält Heine für ein halbes Jahr Studienverbot an der Universität Göttingen.
April: Er immatrikuliert sich an der Universität in Berlin, wo er u. a. Vorlesungen bei Georg Wilhelm Friedrich Hegel hört. Bekanntschaft mit Adelbert von Chamisso und Friedrich de la

Motte Fouqué.
Begegnung mit Rahel und Karl August Varnhagen von Ense.
Einige Texte Heines, darunter Fragmente aus »Almansor«, erscheinen in der von Friedrich Wilhelm Gubitz herausgegebenen Zeitschrift »Der Gesellschafter«.
»Gedichte« (vordatiert auf 1822).

1822 Heine wird Mitglied im »Verein für Kultur und Wissenschaft der Juden«.
Reise nach Polen.
Begegnung mit Christian Dietrich Grabbe.
Oktober: Heine besucht Hegel.

1823 Der Bericht »Über Polen« wird im »Gesellschafter« publiziert.
Die Sammlung »Tragödien nebst einem lyrischen Intermezzo« erscheint, sie enthält die Dramen »William Ratcliff« und »Almansor«.
Beginn der Freundschaft mit Karl Leberecht Immermann.
Reise nach Lüneburg, Hamburg, Cuxhaven und Ritzebüttel.
August: »Almansor« wird in Braunschweig uraufgeführt.

1824 *Januar:* Heine immatrikuliert sich erneut an der Universität Göttingen.
Reise nach Berlin.
Er unternimmt eine Fußwanderung durch den Harz, aus der die Reisebeschreibung »Die Harzreise« hervorgeht (erscheint 1826 in »Der Gesellschafter«).
Oktober: Besuch bei Goethe in Weimar.

1825 *Juni:* Heine tritt zum evangelischen Glauben über und wird in Heiligenstadt auf den Namen Christian Johann Heinrich getauft.
Juli: Promotion zum Dr. jur. in Göttingen.
Sommerurlaub in Norderney. Heine siedelt nach Hamburg über und lebt fortan als freier Schriftsteller.

1826 Begegnung mit dem Hamburger Verleger Julius Campe, der künftig Heines Hauptverleger wird.
Der 1. Teil der »Reisebilder« erscheint (»Heimkehr«, »Die Harzreise«, »Die Nordsee, I.«).

1827 Reise nach England.
April: Der 2. Teil der »Reisebilder« erscheint (»Die Nordsee, II. und III.«, »Xenien« von Immermann, »Ideen. Das Buch Le

Grand« und »Briefe aus Berlin«).
Das »Buch der Lieder« (Gedichte) wird Heines publikumswirksamstes Werk und erlebt allein zu seinen Lebzeiten 13 Auflagen.
Reise über Frankfurt am Main, wo er Ludwig Börne trifft, Heidelberg und Stuttgart nach München.
Heine wird Mitherausgeber der »Neuen allgemeinen politischen Annalen«.
Die Absicht, eine Professur für Literaturgeschichte anzutreten, wird vom katholischen Klerus durchkreuzt.

1828 *August – November:* Aufenthalt in Italien: Mailand, Genua, Lucca, Florenz und Venedig.
Dezember: Tod des Vaters in Hamburg.

1829 *Februar:* Heine zieht nach Berlin.
April: Übersiedlung nach Potsdam.

1830 »Reisebilder III«.
Sommerurlaub auf Helgoland.
Heine erhält Nachricht von der Pariser Julirevolution.
Er schreibt die »Briefe aus Helgoland«, in denen er die Vorgänge der Julirevolution reflektiert.

1831 Aufgrund mangelnder Berufsperspektiven in Deutschland entschließt sich Heine zur Übersiedlung nach Paris.
Mai: Ankunft in Paris, wo er als Korrespondent für deutsche Zeitungen und Zeitschriften arbeitet.

1832 Heine nimmt an Versammlungen der Saint-Simonisten teil.
Der Abdruck seiner Artikelserie »Französische Zustände« in der Augsburger »Allgemeinen Zeitung« wird von Metternich nach einigen Folgen unterbunden.
Dezember: Die Buchausgabe »Französische Zustände« erscheint und wird in Preußen verboten.

1833 Heines Aufsatz »État actuel de la littérature en Allemagne. De l'Allemagne depuis Madame de Staël« erscheint in der Pariser Zeitschrift »L'Europe littéraire«.
Der erste von vier unter dem Titel »Salon« veröffentlichten Sammelbänden erscheint; er enthält den Aufsatz »Französische Maler«, den Gedichtzyklus »Verschiedene« und das Erzählfragment »Aus den Memoiren des Herren von Schnabelewopski«.

1834 Begegnung mit Crescence Eugénie Mirat (Mathilde), Heines späterer Lebensgefährtin.

Heine arbeitet an der Schrift »Zur Geschichte der Religion und Philosophie in Deutschland«, die unter dem Titel »De l'Allemagne depuis Luther« in der Zeitschrift »Revue des deux mondes« erscheint.

1835 Der zweite Band des »Salon«, der vor allem die deutsche Version des Aufsatzes zur Geschichte der Religion »Über Deutschland seit Luther« enthält, erscheint.

»Die romantische Schule« (überarbeitete Fassung von »État actuel de la littérature en Allemagne«, vordatiert auf 1836).

Dezember: In Preußen werden sämtliche Schriften Heines verboten.

10. Dezember: Die Deutsche Bundesversammlung verbietet sämtliche gedruckten wie ungedruckten Schriften des so genannten Jungen Deutschland, an erster Stelle die von Heine sowie die in Heines Hausverlag Hoffmann und Campe in Hamburg erschienenen.

1836 Die Französische Regierung gewährt Heine als politischem Emigranten eine Pension.

Heine erkrankt an Gelbsucht.

1837 Ernsthafte Augenerkrankung.

Der dritte Band des »Salon« erscheint, er enthält u. a. die Prosatexte »Florentinische Nächte« und »Elementargeister«.

1838 »Schwabenspiegel«.

»Shakespeares Mädchen und Frauen«.

1840 »Heinrich Heine über Ludwig Börne«.

Der vierte Band des »Salon« mit den »Briefen über die französische Bühne« und dem Erzählfragment »Rabbi von Bacherach« sowie Gedichten und Romanzen erscheint.

1841 Begegnung mit Richard Wagner.

August: Hochzeit mit Mathilde in Saint-Sulpice.

Nach einer Auseinandersetzung über seine Denkschrift über Börne duelliert sich Heine mit dem Frankfurter Kaufmann Salomon Strauß und wird an der Hüfte verletzt.

Beginn der Arbeit an dem satirischen Versepos »Atta Troll. Ein Sommernachtstraum«.

1842 Aufenthalt in Boulogne-sur-Mer.

1843 In der »Zeitung für die elegante Welt« erscheinen »Atta Troll. Ein Sommernachtstraum« (Buchausgabe 1847) und das Gedicht

»Nachtgedanken«.
Aufenthalt in Trouville.
Begegnungen mit Arnold Ruge und Friedrich Hebbel.
Oktober–November: Heine reist nach Hamburg.
Nach der Rückkehr lernt er in Paris Karl Marx kennen.

1844 »Deutschland. Ein Wintermärchen«.
»Neue Gedichte«.
Bekanntschaft mit Ferdinand Lassalle.
Mitarbeit an den von Marx und Ruge herausgegebenen »Deutsch-Französischen Jahrbüchern«.
Juli: Zweiter Hamburg-Aufenthalt mit Mathilde.
Dezember: Nach dem Tod des Onkels Salomon Heine beginnen Erbschaftsstreitigkeiten innerhalb der Familie. Die Familienpension wird Heine nur unter der Bedingung weiterbezahlt, dass er in seinen Werken keine Familienangehörigen erwähnt.

1845 Zunehmende Verschlechterung des Gesundheitszustands Heines.
Er entgeht der für alle Mitarbeiter des »Vorwärts!« verfügten Ausweisung aus Frankreich.
Sommer: Aufenthalt in Montmorency.

1846 *September:* Besuch von Friedrich Engels in Paris.

1847 »Atta Troll. Ein Sommernachtstraum«.

1848 *Februar:* Heine arbeitet für die Augsburger »Allgemeine Zeitung« als Berichterstatter über die Pariser Februarrevolution.
Mai: Heine bricht im Louvre zusammen. Es wird eine Erkrankung an Rückenmarkschwindsucht diagnostiziert.
Krankenlager Heines in der »Matratzengruft« in der Avenue Matignon (bis zum Tod 1856).

1849 Arbeit an den Gedichten der »Romanzero«-Sammlung.

1850 Heine schreibt an seinen »Memoiren«.

1851 »Romanzero« (Gedichte).
»Der Doktor Faust« (Tanzpoem).

1853 Arbeit an der »Lutetia«, einer Sammlung aus den Berichten für die Augsburger »Allgemeine Zeitung«, und an der Schrift »Die Götter im Exil« (beide 1854 in den »Vermischten Schriften«).

1854 »Vermischte Schriften« (3 Bände).

1855 Besuche seiner Freundin Elise Krinitz (»Mouche«).

November: Die Geschwister Charlotte und Gustav kommen nach Paris.

1856 *17. Februar:* Heine stirbt in Paris und wird drei Tage später auf dem Friedhof Montmartre beerdigt.

Erzählungen aus dem Biedermeier

Biedermeier - das klingt in heutigen Ohren nach langweiligem Spießertum, nach geschmacklosen rosa Teetässchen in Wohnzimmern, die aussehen wie Puppenstuben und in denen es irgendwie nach »Omma« riecht.

Zu Recht. Aber nicht nur.

Biedermeier ist auch die Zeit einer zarten Literatur der Flucht ins Idyll, des Rückzuges ins private Glück und der Tugenden. Die Menschen im Europa nach Napoleon hatten die Nase voll von großen neuen Ideen, das aufstrebende Bürgertum forderte und entwickelte eine eigene Kunst und Kultur für sich, die unabhängig von feudaler Großmannssucht bestehen sollte.

Georg Büchner Lenz **Karl Gutzkow** Wally, die Zweiflerin **Annette von Droste-Hülshoff** Die Judenbuche **Friedrich Hebbel** Matteo **Jeremias Gotthelf** Elsi, die seltsame Magd **Georg Weerth** Fragment eines Romans **Franz Grillparzer** Der arme Spielmann **Eduard Mörike** Mozart auf der Reise nach Prag **Berthold Auerbach** Der Viereckig oder die amerikanische Kiste

ISBN 978-3-8430-1884-5, 444 Seiten, 29,80 €

Erzählungen aus dem Biedermeier II

Annette von Droste-Hülshoff Ledwina **Franz Grillparzer** Das Kloster bei Sendomir **Friedrich Hebbel** Schnock **Eduard Mörike** Der Schatz **Georg Weerth** Leben und Taten des berühmten Ritters Schnapphahnski **Jeremias Gotthelf** Das Erdbeerimareili **Berthold Auerbach** Lucifer

ISBN 978-3-8430-1885-2, 440 Seiten, 29,80 €

Erzählungen aus dem Biedermeier III

Eduard Mörike Lucie Gelmeroth **Annette von Droste-Hülshoff** Westfälische Schilderungen **Annette von Droste-Hülshoff** Bei uns zulande auf dem Lande **Berthold Auerbach** Brosi und Moni **Jeremias Gotthelf** Die schwarze Spinne **Friedrich Hebbel** Anna **Friedrich Hebbel** Die Kuh **Jeremias Gotthelf** Barthli der Korber **Berthold Auerbach** Barfüßele

ISBN 978-3-8430-1886-9, 452 Seiten, 29,80 €

Erzählungen der Frühromantik

1799 schreibt Novalis seinen Heinrich von Ofterdingen und schafft mit der blauen Blume, nach der der Jüngling sich sehnt, das Symbol einer der wirkungsmächtigsten Epochen unseres Kulturkreises. Ricarda Huch wird dazu viel später bemerken: »Die blaue Blume ist aber das, was jeder sucht, ohne es selbst zu wissen, nenne man es nun Gott, Ewigkeit oder Liebe.«

Tieck Peter Lebrecht **Günderrode** Geschichte eines Braminen **Novalis** Heinrich von Ofterdingen **Schlegel** Lucinde **Jean Paul** Des Luftschiffers Giannozzo Seebuch **Novalis** Die Lehrlinge zu Sais
ISBN 978-3-8430-1878-4, 416 Seiten, 29,80 €

Erzählungen der Hochromantik

Zwischen 1804 und 1815 ist Heidelberg das intellektuelle Zentrum einer Bewegung, die sich von dort aus in der Welt verbreitet. Individuelles Erleben von Idylle und Harmonie, die Innerlichkeit der Seele sind die zentralen Themen der Hochromantik als Gegenbewegung zur von der Antike inspirierten Klassik und der vernunftgetriebenen Aufklärung.

Chamisso Adelberts Fabel **Jean Paul** Des Feldpredigers Schmelzle Reise nach Flätz **Brentano** Aus der Chronika eines fahrenden Schülers **Motte Fouqué** Undine **Arnim** Isabella von Ägypten **Chamisso** Peter Schlemihls wundersame Geschichte **Hoffmann** Der Sandmann **Hoffmann** Der goldne Topf
ISBN 978-3-8430-1879-1, 408 Seiten, 29,80 €

Erzählungen der Spätromantik

Im nach dem Wiener Kongress neugeordneten Europa entsteht seit 1815 große Literatur der Sehnsucht und der Melancholie. Die Schattenseiten der menschlichen Seele, Leidenschaft und die Hinwendung zum Religiösen sind die Themen der Spätromantik.

Brentano Die drei Nüsse **Brentano** Geschichte vom braven Kasperl und dem schönen Annerl **Hoffmann** Das steinerne Herz **Eichendorff** Das Marmorbild **Arnim** Die Majoratsherren **Hoffmann** Das Fräulein von Scuderi **Tieck** Die Gemälde **Hauff** Phantasien im Bremer Ratskeller **Hauff** Jud Süss **Eichendorff** Viel Lärmen um Nichts **Eichendorff** Die Glücksritter
ISBN 978-3-8430-1880-7, 440 Seiten, 29,80 €